U0142496

前進108課綱

打開技術高中的國文教學錦囊

國立臺灣科技大學通識教育中心 | 主編

教育部技術型高級中等學校國語文推動中心
教育部技術型高中一般科目群科中心 | 合編

（依姓名筆畫排列）

石學翰	吳欣潔	呂覲芬	李美麗	李維恩
李瓊雲	杜凱薇	周家嵐	林子湜	林芳均
林淑芬	林鍾勇	邱瓊薇	柯貞伊	范耘芬
張素靜	張慧英	莊蕙綺	游適宏	黃一軒
黃學文	楊旻芳	趙芳玉	潘慈惠	盧淑玲

著

五南圖書出版公司 印行

　　哇！適宏老師集合二、三十位高職國文老師合作完成的《前進108課綱：打開技術高中的國文教學錦囊》就要付梓刊行，與熱愛高職國文或關心108課綱的老師們見面。聽到這消息我的內心也充滿宛若迎接新生命誕生的喜悅。適宏老師做事一向慢工出細活，喜歡靜待時間，淬鍊菁華，所以成果自然如陳年佳釀般，醇厚細緻，回味無窮。這本書也是一樣，雖是眾人合輯，卻因為他穿針引線的細心，呈現由大而小，井然有序的編輯脈絡。

　　全書共分七章，先以理念交流、社群開張、跨域行動等單元，揭開108課綱的序幕，讓高職老師們對課綱的重要議題——課綱理念、社群共備、跨域學習，能說明經驗，表達看法。接著便聚焦於國文素養導向教學的核心——閱讀、思辨、溝通。書中有關說寫引擎、閱讀幫浦、學習推手、課文嚮導等單元，便是以具體的教學範例，提供高職老師對讀寫能力、閱讀精進、主題學習、單課深究等教學議題的實踐心得。

　　閱讀本書不僅能在書中相應的分類單元，找到可以模仿、遷移的教學範例；就連課綱理念、社團運作、跨領域實踐的討論與分享，也能在本書找到共鳴的知音。而在眾多的教學範例中，最可喜的是——大家都聚焦於學生的自主學習，動手操作，團隊合作，任務解決，因此所有的教學範例，都成為解決生活難題最好的實踐典範。此外，教學範例精簡清新，避免冗長拖沓，令人生畏的傳統面目，也是此書讓人驚喜的特色。

我們曾統計近年來會考與大考的閱讀題組通過率，發現數值都接近 68%。或許可據之推估，學生對陌生文本的閱讀約有七成可自行理解，只有約三成的困難必須得到協助，才能解決。我們如能有效偵察學生這三成的困難，進而搭建鷹架，協助解決，這或許也可以是下階段大家繼續努力的方向。

　　　　　　　　　　　　　　　　　　　　鄭圓鈴

　　　　　　　　　　　　　國立臺灣師範大學國文學系教授

世界正快速地變遷，面對充滿不確定的未來，我們應該教給孩子們什麼？是每個從事教育工作者不可回避的問題。

「108課綱」重視以「素養」為核心的教育革新，就是為了回應不斷改變的世界。「素養」結合知識、能力與態度，是一種持續自我學習改變的能力。唯有抱持成長的心態，具備自我調整、持續學習、解決問題能力的人，才能因應改變，找到出路。

面對變動的未來，學生需要的是能夠理解資訊、判斷選擇資訊以及鍵結點點滴滴資訊，組成一個整體的世界觀。教育理念在變，教師的態度與方法勢必也要隨著調整。素養導向的教學，強調「以學習者為中心」，那麼，技術型高中的學生，國文課要學習什麼？什麼樣的方式能夠引導他們好好學習？或者，有哪些資源，可以協助國文老師更有效地設計符應孩子需求的學習活動？

要涵育學生的素養，老師本身的素養其實是最大的關鍵。《前進108課綱：打開技術高中的國文教學錦囊》是一本葵花寶典，集結了不同世代熱血教師的武功祕笈。巧於閱讀者，一時間便可吸納各大門派宗師數十年的心血，而功力大增。

本書內容多元，或許在不答之中，解答了前述疑問。書中或鳥瞰課綱，指出改變的方向；或發展對應課綱精神的教學方法與教學活動，如：引領學生搭配課文結構，由讀而誦，學習背書的方法、透過學習遷移，將課文所學落實到生活中，能擁「報」「悅」讀；還有多元跨域的課程設計，像是結合在地飲食與文史的書寫活動、

電影思辨寫作；也不乏議題融入，透過教材中常見貶謫文學，探討黑特文化與法治教育。當然，對許多老師所在意的共同新選文，本書也以不同方式，提供解讀的方向。凡此種種，都可看出教師們在堅守國文教學本色的同時，也能放開心胸，多角吸收不同領域的知識或方法，豐富自身的教學，從而引領學生思考學習。

　　作者群無私地分享自身對課綱精神的理解與實務操作，具體落實了課綱「自發、互動、共好」的核心理念。翻檢書中內容，突然覺得這本書具現了《易》之三義。課綱變了，共同選文變了，社會看待國文的目光變了，學生在課堂上的反應可能也變了。然而，教師自發地在互動中精進，期望誘發孩子對學習的熱情和興趣，埋下一顆喜歡文學種子的使命感，始終不曾改變。每一篇的心得分享，都是作者多年錘鍊的成果，卻能以簡馭繁地表述。哈拉瑞在《21世紀的21堂課》中指出：在一個資訊滿滿卻多半無用的世界上，清楚易懂的見解，就成了一種力量。《前進108課綱：打開技術高中的國文教學錦囊》這本書正具備這樣的力量，相信一定能夠減少一線老師的摸索，降低他們面對轉變的惶惑不安，在這條教育革新路上穩健前行。

李清筠

國立臺灣師範大學國文學系副教授

目 錄

理念交流

社群開張

跨域行動

說寫引擎

閱讀幫浦

學習推手

課文嚮導

理念
交流

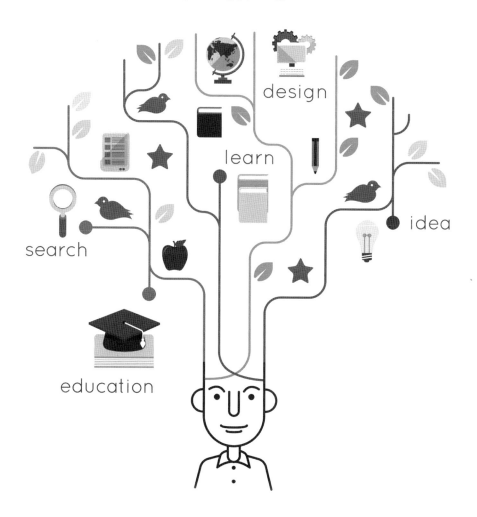

淺談十二年國教技術型高中國語文課綱的改變與展望

邱瓊薇　臺中市立霧峰農業工業高級中等學校

　　103年11月，《十二年國民基本教育課程綱要總綱》（以下簡稱《總綱》）正式發布，進入了臺灣教育的另一個階段。課程綱要的修訂大約10年一次，這次修訂的重大變革，便是將原本各自訂定的國民中小學九年一貫課程綱要以及各類型高中階段課程綱要，以《總綱》系統性的涵括其精神與目標，期能達成十二年國教課程的連貫發展。技術型高級中等學校[1]（以下簡稱「技高」）位居十二年國民基本教育的第五學習階段，如何形塑現代公民，這便成為了各領域課程綱要的重要課題。

　　二十一世紀是快速變化的時代，網路時代的來臨，加速了知識的快速傳播，從前我們常說「知識就是力量」；那麼，當知識已成為隨手可得的資源時，什麼才是未來力量的來源？因此，我們開始思考：我們要交給學生什麼棒子，才能夠讓他們面對未來的挑戰？於此，《總綱》中明白揭示願景：「成就每一個孩子──適性揚才、終身學習」，期望學生「成為具有社會適應力與應變力的終身學習者」，並且「期使個體與群體的生活和

---

[1] 原稱為「高級職業學校」，自104年1月14日發布《技術及職業教育法》後，定名為「技術型高級中等學校」。

生命更爲美好」[2]。

　　有了變革，便有了新的思維方向；在這樣的理念之下，教育的目標從強調學習內容，轉而爲重視培養「素養」。語文是社會溝通與互動的媒介，因此，《十二年國民基本教育課程綱要技術型高級中等學校語文領域──國語文》（以下簡稱「十二年國教技高國語文課綱」）中，便說明國語文教育應成爲開啓學生人文視野與美感經驗的樞紐，也應是獲取專業知識和跨領域學習的橋梁[3]。以下便從「十二年國教技高國語文新舊課綱比較」、「十二年國教技高國語文課綱內容提要」、「教材編選篇目建議選文的原則與精神」以及「十二年國教技高國語文課綱運用及展望」等方面進行初步的介紹，期能呈現「十二年國教技高國語文課綱」的輪廓。

一、技高國語文新舊課程綱要比較

　　99年8月1日起生效的「職業學校群科課程綱要」，簡稱爲「99課綱」，乃是目前所遵行的課程綱要；而「新課綱到底改了什麼？」這應該是許多老師第一個浮現心頭的疑問。其實十二年國民基本教育的技術型高級中等學校國語文課程綱要，並未與過去的課綱形成斷裂，也並非是過去的課綱出現錯誤，而是如前面所說：是爲了因應時代而進行的調整。國語文教育的核心價值、目標與學科專門素養[4]並未改變，改變的是由以「教

---

[2] 《十二年國民基本教育課程綱要總綱》，教育部，103年11月。

[3] 參見《十二年國民基本教育課程綱要技術型高級中等學校語文領域 ── 國語文》，教育部，107年1月25日發布。

[4] 「專門素養」，係在個人專業生涯發展中成功並完成每一項專業工作所需的知識、能力和態度價值觀。專門素養係透過學習獲得之專門領域學群「核心能力」或職業類科「專業能力」或「專業職能」等「專門素養」。參見《課程發展與設計的關鍵DNA：核心素養》頁79-80。蔡清田著，五南圖書出版股份有限公司，2017年11月出版五刷。

師」爲課堂主體，改由「師生」共同完成學習任務，由教師以知識作爲媒介，引導學生自主學習，建構學生面對未來的能力與態度，進而呼應《總綱》所言「彰顯學習者的全人發展」。因此在這樣多變的時代浪潮引領下，教師的教學方法與課堂經營，勢必產生一些改變，以下便針對幾個主要的變革進行簡要說明。

（一）技術型高中課程學分架構的變化

請先看下表「99課綱」與「十二年國民基本教育課程綱要總綱」的課程架構比較：

		99 課綱		十二年國教課綱總綱	
		學分數	百分比	學分數	百分比
部定必修	一般科目	66-76 （國文16）	34.4-39.6%	66-76 （國語文16）	34.4-39.6%
	專業及實習科目	15-30	7.8-15.6%	45-60	23.4-31.3%
	學分數小計	81-106	44.2-55.2%	111-136	57.8-70.8%
校訂科目	（必修及選修） 一般科目 專精科目 專業科目 實習科目	86-111	44.8-57.8%	44-81	22.9-42.2%
	應修習學分數	184-192		可修習學分數	180-192

（資料來源：「99課綱」及「十二年國民基本教育課程綱要總綱」）

從以上這張簡表可以看出：國語文的部定必修學分雖維持與99課綱相同，然爲了呼應《總綱》技術型高中課程規劃重點中所提到的「提升務實致用之就業力」，部定必修所規劃的專業及實習科目（含技能領域）新增了30學分，故在總修習學分不變的前提下，校訂科目學分變少。而「提升務實致用之就業力」的前提在於「協助學生培養專業實務技能、陶冶職業

道德、增進人文與科技素養、創造思考及社會變遷能力，奠定生涯發展基礎」。身為人文素養學科中重要的「國語文」，責無旁貸的需要肩負培育人文素養的責任；然而在校訂科目學分勢必減縮的情形下，國語文如何規劃開設多元的校訂課程以達成理念與目標，乃是重要的課題。

（二）「國語文」課程綱要的架構差異

99課綱職業學校國文以「科目大要」及「教學綱要」總括教學的範疇，並以分冊的方式撰寫各冊的課程目標、教材大綱（包含單元主題、內容綱要、分配節數等）、實施要點，且分為A、B兩版，「A版」學分配置為3／3／3／3／2／2，「B版」學分配置為4／4／4／4／2／2。

十二年國教技高國語文課綱則以「基本理念」、「教育目標與課程目標」、「時間分配」、「核心素養」、「學習重點」、「實施要點」及「附錄」的總括方式整體陳述，與其他學習階段的國語文課程綱要架構一致，並凸顯技高國語文「綱要」的特質，執簡馭繁，留給教學現場多元而彈性的空間；「單元主題、內容綱要、分配節數」等實際教學的面向，則移至《十二年國民基本教育技術型高級中等學校一般科目領域課程綱要課程手冊》[5]中進行研發與建議。以下為課綱研修精神及理念差異比較表：

---

[5] 《十二年國民基本教育技術型高級中等學校一般科目領域課程綱要課程手冊》（草案）公布於國家教育研究院所建置的「協力同行——走進十二年國教課程綱要」—「課綱實施支持資源」網頁（https://www.naer.edu.tw/files/11-1000-1590-1.php?Lang=zh-tw）；本課程手冊於技術型高中國語文課程綱要於107年1月25日發布後，正持續進行修訂工作；更新後之定稿亦將持續公布於本網站。

項目	十二年國教技高國語文課綱	99 課程綱要——國語文	
基本理念與課程目標	落實十二年國教之教育理念,注重學生學習經驗之縱向連貫與橫向統合,並揭示技術型高級中等學校國語文教育的整體理念與課程目標。	於各冊中提示課程目標。	
時間分配	不分版。16學分,配置為:3/3/3/3/2/2。	A版:3/3/3/3/2/2。	B版:4/4/4/4/2/2。
核心素養	依循十二年國教總綱核心素養「三面九項」的具體內涵,界定技術型高級中等學校的國語文學科在核心素養培育過程中的意義和功能。	無特別提示。	
學習重點	1. 以「統整敘寫」為原則,將「學習重點」分為「學習表現」和「學習內容」兩個構面。「學習表現」從聆聽、口語表達、識字與寫字、閱讀、寫作五個面向進行描述;「學習內容」則從文字篇章、文本表述、文化內涵三個層次勾勒國語文課程的範圍。 2. 對於教材的主要對象——文本,採用表述方式分類列舉,藉以凸顯篇章中的表意內容與方式為學習核心。	依據「範文」、「文化教材」、「應用文」及「作文」四類,分別詳列各冊之「教材大綱」。	
實施要點	1. 分為「課程發展」、「教材編選」、「教學實施」、「教學資源」、「學習評量」等五項,詳述原則、精神及指引方向。 2. 教材「範文」分為「現代文選、古典文選、現代詩歌選、古典詩歌選、文化經典選」五部分;「古典文選」推薦14篇供編選建議。 3. 古典文選、古典詩歌選及古典文化經典選三學年平均占35～45%,各冊可依學生學習能力酌量增減。	1. 分為「教材編選」、「教學方法」、「教學評量」、「教學資源」與「教學相關配合事項」等五項簡要說明原則。 2. 語體文與文言文之比例依各學年分別為:第一學年「50%:50%」→第二學年「45%:55%」→第三學年「40%:60%」。	

(資料來源:《十二年國民基本教育技術型高級中等學校一般科目領域課程綱要課程手冊》(草案))

（三）以「核心素養」與「學習重點」彰顯國語文教育價值

依據《總綱》理念，提出三面九項的核心素養強化各教育階段之間的連貫，各領域／科目依據學科的特質，再進一步轉化成領域／科目的核心素養，並發展各自的基本理念、課程目標及學習重點，彼此之間的關係可用下圖表示：

（參考資料：國家教育研究院公告「國民中小學暨普通型高中國語文課綱公播版簡報」）

國語文的科目特質，可落實十二年國教核心素養的具體內涵，在以往的教學中已是如此，並非是一個全新的觀念。十二年國教的願景以「學生學習」為主體，轉變原來以「教學」為出發點的思維方向，在國語文教學的過程中，培養學生具備學科知識（先備能力），進而發展學生吸收知識、思考問題、表達意見的能力以及正確的態度，此為國語文學科的專門

素養，在技高國語文課綱中便以「學習重點」統括，指引國語文教學的方向，並豐富教學內涵。

　　以上先概括說明技高國語文課綱在此次十二年國教變革中的主要差異，接下來再進一步說明技高國語文課綱的幾個重要內容。

二、十二年國教技高國語文課綱內容提要

（一）核心素養

　　「素養」這個詞語，常常是掛在嘴上的。當我們在說人文素養、國民素養、文化素養的時候，「素養」這個詞彙的涵義早已深入每個人的價值觀念當中。但，當《總綱》提出以「核心素養」發展課程主軸時，大家反而產生了疑惑：素養不是早就有了嗎？要教嗎？怎麼教？怎麼學？各種贊成、反對、懷疑等等的不同聲音出現在這一波課綱修訂的過程中。其實，落實在生活裡，何處不是素養？素養是可教、可學的[6]，如何在這一波課程綱要的修訂中，利用課程的設計，將素養內化於每一個學生身上，變成了重要的一項課題。

　　《總綱》中提出了「核心素養」的定義：「一個人為適應現在生活及面對未來挑戰，所應具備的知識、能力與態度。」並進一步說明「『核心素養』強調學習不宜以學科知識及技能為限，而應關注學習與生活的結合，透過實踐力行而彰顯學習者的全人發展。」

　　這裡出現了幾個重點的觀念：

　　1. 應具備的「知識、能力與態度」

---

[6] 參見蔡清田：《課程發展與設計的關鍵DNA：核心素養》，頁10。

2. 適應「現在生活」，面對「未來挑戰」

3. 學習與生活的結合（→情境）

4. 實踐力行（→終身學習）

　　知識並不完全等於素養，而是轉化成具體實踐的力量，才是素養。如果說解決問題的能力是素養，那麼問題來自真實的生活，故素養與生活是不可分割的。「核心素養」勾勒出學生未來所應具備的面貌，技高國語文課綱參照國小、國中階段國語文核心素養具體內涵，結合技高國語文之基本理念與課程目標後，提出之具體內涵如下表所示：

核心素養面向	核心素養項目	技術型高中語文領域——國語文核心素養具體內涵
A 自主行動	A1 身心素質與自我精進	國 V-U-A1 透過國語文學習，培養健康適性的價值觀與人生態度，進而開發潛能，實踐終身學習。
	A2 系統思考與解決問題	國 V-U-A2 透過國語文學習，探索生活現象，提升觀察、思辨的深度與廣度，進而反思當代課題的解決策略。
	A3 規劃執行與創新應變	國 V-U-A3 運用國語文，發展融合傳統與創新的規劃與執行力，培育兼具人文素養及專業能力的人才。
B 溝通互動	B1 符號運用與溝通表達	國 V-U-B1 運用國語文建立有效的人際溝通，進行辭意通達、架構完整的語言文字表達，並能透過閱讀鑑賞，與自我生命、社會脈動對話。
	B2 科技資訊與媒體素養	國 V-U-B2 能解讀詮釋訊息的意義與觀點，靈活適切的結合文字與科技媒體，培養資訊倫理，提升思辨能力及專業知能。
	B3 藝術涵養與美感素養	國 V-U-B3 能以豐富的文化藝術涵養，陶冶優雅氣質，並將人文視野融入專業領域，強調技能與人性合一，塑造美好的生活情境。

核心素養面向	核心素養項目	技術型高中語文領域——國語文核心素養具體內涵
C 社會參與	**C1** 道德實踐與公民意識	**國 V-U-C1** 在國語文學習中建立倫理道德觀念、公民意識與社會責任，主動參與公共事務，進而體認文明的價值。
	C2 人際關係與團隊合作	**國 V-U-C2** 善用語文的表意功能和溝通技巧，強化職能發展與人際關係，並能透過群體間的分享學習，建立包容、關懷、合作的精神。
	C3 多元文化與國際理解	**國 V-U-C3** 透過國語文學習，了解、欣賞不同族群的文化特質，並順應時代脈動，立足本土，放眼全球，具備國際視野。

　　從上表的具體內涵可以看到：這些內容本來就是國語文教育的價值與意義，因此核心素養的存在，可以說是強調了國語文教育的內涵，將素養具體化落實在學習重點中，接著再進一步藉由現場老師具體的教學引導，使學生在面對未來生活的挑戰時，能真正以知識、能力與所養成的態度來解決問題。需要注意的是：核心素養並未否認或取代專門素養，一個人不能只有專業能力而沒有核心素養，也不能只有核心素養卻缺乏「專門素養」的核心能力[7]，語文是溝通表達的重要工具，沒有語文，在現實生活中可能寸步難行，更甚而文化的傳承可能斷絕。故在核心素養中，可以發現與國語文專門素養最爲息息相關的，應屬於「B溝通互動」，從上表中的國V-U-B1、國V-U-B2、國V-U-B3等項目中，明白標示出國語文在溝通表達上的特質和責任。因此，國語文的知識如文字的形音義、文法、修辭、國學常識等等，如何內化爲文學素養、文化內涵，進而落實、展現技高的國語文素養、人文素養，這便是國語文「學習重點」規劃的方向。

●●●───────

[7] 參見蔡清田：《課程發展與設計的關鍵DNA：核心素養》，頁79-80。

（二）學習重點——國語文學科素養

　　國語文各種向度的學習一向都是在篇章中完成，故在各類篇章中開展「學習表現」及「學習內容」便是國語文的學習重點。學習表現描述出學生在學習過後的樣貌；學習內容則是將國語文的知識內容作綱要式的提示，藉由學科知識培養能力，呼應素養，成為能應用在生活中的能力。

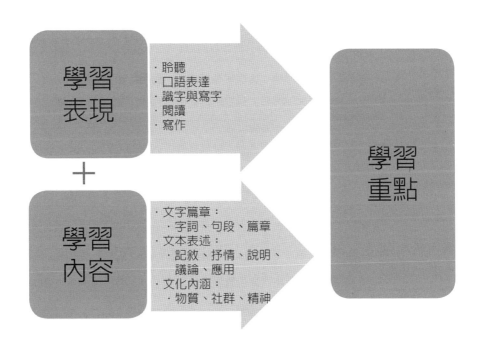

1. 強調學習表現

　　學習表現是強調以學習者為中心的概念，重視認知歷程、情意與技能之學習展現，代表了「非具體內容」的向度，也可說就是「核心素養」的表現。國語文的學習成效簡單來說就是「聽說讀寫」的表現，十二年國教技高國語文課綱的學習表現如下表：

類別	學習表現
1.聆聽	1-V-1 能養成良好的聆聽態度，擷取完整資訊。 1-V-2 能從聆聽中，釐清自我認知，啓發解決問題的思辨能力。 1-V-3 能適切掌握講者的核心內容，增進溝通能力。 1-V-4 能結合科技與資訊，提升聆聽學習的效果。
2.口語表達	2-V-1 能清楚了解說話的目的、對象、場合，恰如其分的表達。 2-V-2 能運用合宜的表情和語氣，呈現內心情感，使表達內容具有感染力和說服力。 2-V-3 能選擇適當的語辭，透過表情、肢體語言的組織技巧，條理清晰的表達個人觀點。 2-V-4 能利用電子科技，統整訊息的內容，作詳細的口頭報告、發表評論或演說。
4.識字與寫字	4-V-1 能因應日常或文化接觸，透過自主學習儲備識字量。 4-V-2 能具備文字結構、書體字型的認知，應用於書寫需求。
5.閱讀	5-V-1 能養成閱讀的興趣，建立良好的學習態度，擴展閱讀視野。 5-V-2 能認識文章的各種表述方式、主旨、取材、結構及作者的生命態度，增進思辨與博學的能力。 5-V-3 能運用獨立閱讀的能力，欣賞及應用各種文學作品、文字資訊，掌握當代課題。 5-V-4 能結合電腦科技，提高語文表達與資訊互動的應用與解決能力。
6.寫作	6-V-1 能經由觀摩、分享與欣賞，養成良好的寫作態度與興趣，增加人文美感素養。 6-V-2 能發揮思考與創造的能力，整理並記錄個人生命經驗，展現具有風格與價值觀的作品。 6-V-3 能使用流暢、優美的文字寫作，提升語文在生活與職場的應用能力。 6-V-4 能使用電腦編輯作品，透過寫作分享生活、學習和專業成長的多元經驗。

　　語言溝通與理性思辨的知能，是語文的重要內涵。從上表可以看到此次技高國語文課綱有層次的梳理了聽說讀寫等層面的內涵，描繪出學生在高中階段學習國語文之後所顯現的具體學習成效。

2. 國語文的學習內容——培育學科專門素養

　　若將學習表現視爲學生的學習成效（目標），那麼學習內容就是學習的歷程（手段），是學科基礎的、重要的知識內容，學生必須擁有這些學習內容（先備知識）後，才能具備應有的學習表現內涵。技高國語文學習

內容提出「文字」、「文本」、「文化」三層次，但並非各自獨立，而是以文本為依歸，拓展出對文字篇章、文化內涵的學習。

以往高中階段的國語文課程綱要均以詩詞曲散文小說等「文體文類」方式作為內容的指引，十二年國教國語文課綱則與國中小連結，改以「文本表述」特徵作為學習內容的綱要進行敘寫。此改變並無優劣之分，僅是表達方式的不同，期能給予更寬廣多元的詮釋範疇。所有的文體文類，均可用「文本表述特徵」進行欣賞與學習，藉由認識不同的文本表述特徵，進而具備口語表達、書面表達和多元媒體表達的能力。十二年國教技高國語文課綱的學習內容表意如下圖：

A文字篇章	B文本表述	C文化內涵
·Ab 字詞 ·字形和字音 ·字詞的意義和使用 ·詞的組成方式 ·Ac 句段 ·句的意義 ·常用的句型 ·Ad 篇章 ·意義 ·組織 ·表現	·Ba 記敘文本 ·元素 ·敘述方式 ·摹寫手法 ·Bb 抒情文本 ·情志的抒發省思 ·物我相應的表現手法 ·Bc 說明文本 ·理路的安排 ·客觀資料的輔助 ·Bd 議論文本 ·核心主張與論點 ·論點和論據的結構 ·Be 應用文本 ·格式 ·表達要領	·Ca 物質文化 ·食、衣、住、行等物質文化認知 ·Cb 社群文化 ·制度、風俗等社群文化認知 ·Cc 精神文化 ·文類（各時代文本）、文學史、思想流派認知 ·人文、藝術等精神文化認知

將「學習重點」分為「學習表現」和「學習內容」分別描述，優點除了以類相從、綱舉目張之「分」，也強調彼此繫聯、雙向交會之「合」。因此，一篇文章並非只是觸及某個單一的單元（如聆聽、記敘文本），而是由這篇文章開展出聽說讀寫等表現，並且可從文字、文本、文化等層次來鑑賞文章的內容。以〈種樹郭橐駝傳〉為例，學習重點便可能包括以下

各向度[8]：

學習重點	學習表現	1-V-2 能從聆聽中，釐清自我認知，啟發解決問題的思辨能力。 1-V-3 能適切掌握講者的核心內容，增進溝通能力。 2-V-3 能選擇適當的語辭，透過表情、肢體語言的組織技巧，條理清晰的表達個人觀點。 2-V-4 能利用電子科技，統整訊息的內容，作詳細的口頭報告、發表評論或演說。 4-V-2 能具備文字結構、書體字型的認知，應用於書寫需求。 5-V-2 能認識文章的各種表述方式、主旨、取材、結構及作者的生命態度，增進思辨與博學的能力。 5-V-3 能運用獨立閱讀的能力，欣賞及應用各種文學作品、文字資訊，掌握當代課題。 6-V-2 能發揮思考與創造的能力，整理並記錄個人生命經驗，展現具有風格與價值觀的作品。 6-V-3 能使用流暢、優美的文字寫作，提升語文在生活與職場的應用能力。
	學習內容	Ab-V-1 字形和字音。 Ab-V-2 字詞的意義和使用。 Ab-V-3 詞的組成方式。 Ac-V-1 句的意義。 Ac-V-2 常用的句型。 Ad-V-1 篇章的意義。 Ad-V-2 篇章的組織。 Ad-V-3 篇章的表現。 Ba-V-1 記敘的元素。 Ba-V-2 敘述方式。 Ba-V-3 摹寫手法。 Bb-V-1 情志的抒發與省思。 Bc-V-1 理路的安排。 Bd-V-2 論點和論據的結構。 Ca-V-1 食、衣、住、行等物質文化認知。 Cb-V-1 制度、風俗等社群文化認知。 Cc-V-1 文類（各時代文本）、文學史、思想流派認知。 Cc-V-2 人文、藝術等精神文化認知。

　　故在進行文章的閱讀、學習時，應引導學生從多元的角度進行思考，注重整體學習成效。在教學或學習時可用雙向細目表[9]來呈現，則能更清

---

[8] 參見《十二年國民基本教育技術型高級中等學校一般科目領域課程綱要課程手冊》（草案）

[9] 同注[8]。

楚地抓住文章各面向的學習重點：

		學習內容		
		文字篇章	文本表述	文化內涵
學習表現	聆聽			
	口語表達			
	識字與寫字			
	閱讀			
	寫作			

　　透過實際的聽說讀寫（學習表現）來體會、應用知識（學習內容），進而達成學科專門素養的塑造，國語文本來就是「在情境裡的學習」，從來沒有把這知識抽離日常生活，期待藉由這樣的課綱呈現方式，能讓學生真正體會國語文的重要與價值，並將所學習到的能力展現在生活中。

（三）議題融入

　　在「十二年國教技高國語文課綱」的附錄中有一個重要的章節：「議題適切融入領域課程綱要」，這是依據《總綱》的實施要點規定而來，可以說具體展現在核心素養「C社會參與」這一個向度中。議題教育可培養學生對生活環境的關心，而透過國語文學習，可以提升學生對生活現象、時代課題的觀察與思辨能力，思考解決問題的可能性，適切表達個人見解，當學生能知行合一時，便也實現了使學生成為世界公民的目標。

　　目前依據《總綱》所列的各項議題為：性別平等、人權、環境、海洋、科技、能源、家庭、原住民族（以上八項議題涉及教育相關法律及國家政策綱領）、品德、生命、法治、資訊、安全、防災、生涯規劃、多元文化、閱讀素養、戶外及國際等，國語文的學習本就從「閱讀」出發，本

身即具備了「閱讀素養」這樣的優勢能力。在技高國語文課綱的實施要點
——教材編選中，便提示課文宜兼顧傳統與當代範疇，重視語文與人文的
關聯，適切地融入各項議題，以培養關懷社會的素養與能力。

　　議題教育是融入在國語文學習當中的，並不需要特地挑一篇議題文章
進行教學，而且應該要以「學生經驗」為中心，透過國語文教材內容的
連結、延伸，進行議題的融入，並且可於作業、作品、展演、參觀、社團
與團體活動中，以多元方式融入，進而培養對議題探究、思辨與實踐的能
力。

　　以〈種樹郭橐駝傳〉為例，能與這一篇文章連結的議題可能有「環境
教育」、「生命教育」、「生涯規劃教育」等（閱讀素養教育已涵括整
個國語文精神，故不另行舉例），那麼老師可以引導學生分析評鑑全文，
引發學生的個人經驗，讓學生對環境實地觀察，產生生活聯想；進而針對
環境的相關議題進行比較、分析，延伸生活中對環境的關懷，發展相關
行動等。也可以與校內的專業群科結合，分享工作經驗與生涯發展等[10]。
總之，議題融入可以說是適時的、適量的、適性的、適地的，並非缺一不
可。國語文與生活本就是緊密的連結，透過議題融入的課程設計、教學實
施，使國語文教學更為多元而活潑。

三、教材編選篇目建議選文的原則與精神

　　十二年國教技高國語文課綱中，將課文分為「現代文選」、「古典文
選」、「現代詩歌選」、「古典詩歌選」及「文化經典選」，其中「古典

---

[10] 同注 [8] 。

文選、古典詩歌選、古典的文化經典選」限占35%～45%，而作為教材編選參考的14篇則僅就「古典文選」這部分進行推薦。

高職99課綱並沒有推薦選文，致使教科書出版社在編選時往往朝普通高中的推薦選文靠攏，雖然統測題目盡力保有技職特色，但難免被人詬病，甚至可能出現「技職國文無用」的論點

技術人才特色的選文是十二年國教技高國語文課綱的特點之一，在課綱審議的過程中，「結合技術高中特色，推薦文選須納入技術題材古文」便成為重要的建議，也成為最終審議通過的結論。

下表先就95課綱中的「後期中等教育核心選文」15篇、十二年國教課綱中的「技高國語文教材編選參考篇目」14篇及「普高國語文推薦選文」15篇進行對照：

95 課綱──後期中等教育核心選文		十二年國教國語文課綱──技高教材編選參考篇目		十二年國教國語文課綱──普高推薦選文	
項次	篇目	項次	篇目	項次	篇目
1	〈出師表〉	1	〈燭之武退秦師〉	1	〈燭之武退秦師〉
2	〈桃花源記〉	2	〈庖丁解牛〉	2	〈大同與小康〉
3	《世說新語》選	3	〈蘭亭集序〉	3	〈諫逐客書〉
4	〈春夜宴從弟桃花園序〉	4	〈桃花源記〉	4	〈鴻門宴〉
5	〈師說〉	5	〈師說〉	5	〈出師表〉
6	〈岳陽樓記〉	6	〈種樹郭橐駝傳〉	6	〈桃花源記〉
7	〈醉翁亭記〉	7	《夢溪筆談》──「曲面鏡成像」「乾式船塢」「以工代賑」「磁針指南」「物態研判」	7	〈師說〉
8	〈訓儉示康〉	8	〈岳陽樓記〉	8	〈虬髯客傳〉
9	《郁離子》選	9	〈赤壁賦〉	9	〈赤壁賦〉

項次	95課綱——後期中等教育核心選文 篇目	項次	十二年國教國語文課綱——技高教材編選參考篇目 篇目	項次	十二年國教國語文課綱——普高推薦選文 篇目
10	〈指喻〉	10	《郁離了》——「魯般」、「鄙人學蓋」	10	〈晚遊六橋待月記〉
11	〈晚遊六橋待月記〉	11	《天工開物》——「舟車」緒言「膏液」緒言「殺青」緒言	11	〈項脊軒志〉
12	〈廉恥〉	12	《紅樓夢》——〈賈探春敏慧興利〉	12	〈勞山道士〉
13	〈左忠毅公軼事〉	13	〈臺煤減稅片〉	13	〈勸和論〉
14	〈紀水沙漣〉《東征集》	14	〈清代臺灣鐵路買票收費章程〉	14	〈鹿港乘桴記〉
15	〈裨海紀遊選〉			15	〈畫菊自序〉
備註					

　　從以上這張表可以發現：即使是95課綱時所提出的後期中等教育核心選文，依然是以普通型高中為主軸，並未真正考量技高國語文能否與專業群科進行跨領域的結合，雖說國語文教育所重視的核心素養是一致的，然而在發展上似應彰顯技高國語文的特質。因此，十二年國教技高國語文課程綱要在進行教材編選篇目建議時，便呈現一定的技術題材古文數量以彰顯特色。而技術題材古文大多在宋代以後，為了減少對經典必讀名篇的排擠，其「時代安排」必須有更多的考慮。加上教育部課程綱要審議大會中對於「一個時代不得多於3篇」、「應有出自女性作家或呈現女性意識的作品」等另有限制，因此，綜上所述，遂有幾個不同於以往的安排：

　　1.《莊子》方面，推薦古代技術思想文獻〈庖丁解牛〉，引導學生認識「技進於道」、「技道合一」的技術思想。

　　2. 柳宗元方面，推薦〈種樹郭橐駝傳〉，引導學生由樹木栽培之道類推至領導治理之道。

3. 推薦古代科學史文獻《夢溪筆談》，引導學生認識古人的科學態度與技術創發的智慧。

4. 《郁離子》方面，推薦「魯般」、「鄙人學蓋」兩則，引導學生認識後世譽為建築、工匠的祖師爺，並強化對於所學技術的自信。

5. 推薦古代科學史文獻《天工開物》，引導學生認識古人提高運輸力與生產力、改善生活、傳遞文明的智慧。

6. 《紅樓夢》方面，推薦〈賈探春敏慧興利〉，除著眼於賈探春是一位聰敏且具管理思維的女性，並可觀察賈探春如何為大觀園開源興利。

7. 臺灣古文方面，兩篇俱為清代臺灣產業史文獻。其一推薦沈葆楨〈臺煤減稅片〉。煤礦曾是臺灣重要產業，沈葆楨建議出口煤礦減稅，方能與國外煤礦競爭，奠定臺灣經濟發展基礎。

8. 臺灣古文方面，另推薦收錄於《臺陽見聞錄》的〈清代臺灣鐵路買票收費章程〉。火車是工業1.0的代表物象，臺灣鐵路於1891年通車，此為臺灣鐵路最早的收費規章，顯現商業運輸的經營方針與公私分明的管理思維。

四、十二年國教技高國語文課程綱要運用及展望

在《總綱》中，針對技術型高中的學習階段，提出了「提升務實致用之就業力」的課程規劃重點，並在各領綱中以「涵養核心素養，形塑現代公民」、「強化基礎知識，導向終身學習」、「培養專業技能，符應產業需求」、「陶冶道德品格，提升個人價值」等四項內容為技術型高級中等學校教育目標。國語文身為人文學科，擔負了溝通互動的重要媒介，是理性思辨的基礎，更是開啟人文視野和美感經驗的樞紐，要如何藉由國語文的學習實現技高的教育目標，是相當重要的課題。

技術型高中的國語文，學科學習的預期目標都應涵納核心素養三面九項的內涵，掌握理念和課程目標，發揮學科的特色，培養學科素養，突破科際的限制，強化與各群科學習內容的橫向連結，跨領域學習，讓國語文能真正有助於造就技能與才識兼備的人才。

　　教育是百年大計，世界正在急遽改變中，身為教育者的我們，要如何教出能面對未來挑戰、解決未來問題的學生？在這一波課程綱要的修訂之前，教育現場早已悄悄產生了由下而上的改變力量，許多老師在他的崗位上，默默地嘗試著各種方法，殫精竭慮，只為了讓學生擁有更多的能力去迎接全球化、數位化的未來。試想：若是這一次十二年國民基本教育課程綱要的修訂並未跟上時代的浪潮，那麼教學現場會產生什麼樣的聲音？後代的子孫們又將如何看待此時的我們？

　　或許有人會說「不用管課綱寫什麼，只要我能教書就好」，但若不能理解課綱的內涵，又如何能將課綱轉化為自己的教學專業與特色呢？課綱應該要更具有「基礎性」、「共同性」與「前瞻性」，才能產生由上而下的引導力量。觀諸目前教育改革成功的案例，成功與否的關鍵，其實都在課程綱要的擬訂與實施。因此，不論我們面臨到何種困境，可能是學生自主意識抬頭，可能是文化意識薄弱，可能是產業外移、可能是就業力下降等等，但我們都應該擁有試圖破繭而出的勇氣，才能讓學生隨著我們的眼光拓展視野，看到未來的希望。

胡思亂想的求知熱力

李美麗　國立北門高級農工職業學校

「知道爲何不能送機器出這種任務？機器不會臨機應變，因爲無法設定怕死程式，人類的生存本能，是唯一最偉大靈感來源。」

這是電影〈星際效應〉中的一個橋段，兩位太空人在渺無邊際的冰雪星球中前進，尋找適合人類移居的地方，當他們的機器人正在空中巡邏的時候，其中的一位就這麼告訴他的夥伴。

說實話，生存本能是否爲「唯一」靈感來源，我無法確定，但機器沒有判斷能力，的確是會照著原先設定的目標「使命必達」，這是他們的忠誠和效率——勇往直前，毫不猶豫，依照指令執行到底——對於人類來說，這真的是世上最好的幫手，也是目前所知最具價值的工具。不過，工具終究只是工具，就尋找一個可活命的地點來說，機器所能判斷的，恐怕未必真的盡如人意。也就是說，世上的事，是否都是只要「奮不顧身」「照表操課」就可以解決？這點讓我深深的懷疑著。

很多的事——不單指發現星球這樣的大事——其實都具有多重目標、多重過程，也可能產生多重結果。人類最有趣的地方在於我們隨時可以制定目標、進行規劃，然而也隨時可以在事件的進行過程中改弦易轍，重新發現並且制定另一個目標。若不是如此，亞歷山大・佛萊明就會丟棄已遭受汙染的培養皿，因而錯過了與青黴素的交會，而人類歷史上，盤尼西林

的位置勢必留下空白。

再以諸葛亮爲例，「鞠躬盡瘁，死而後已」幾乎就是他的代名詞，也是最爲人景仰的地方。但是如果當時有電腦、大數據這樣的輔助系統，也許不用幾分鐘就可計算出當時世界的局勢，各國軍力、民力、經濟力在分析圖表上一覽無疑，勝負的得分機率當然也可簡單算出，設若諸葛亮是一臺超級電腦，他立即可從中得出一個理所當然的結果：抵抗是無效的，蜀國當然應該選擇最有利的方式……。然則，我們都知道，人間最美的風景往往是在於「知其不可而爲之」，這種不合邏輯、非理性思維的悲壯，絕不是大數據所會提供的建議，然而，在文化中，卻總是最爲動人。

這樣說來，人與電腦、機器之間的差異，應該就是在對資料的擷取和判斷所呈現的些微不同吧！能夠隨機應變、轉換目標，或是選取一個成功率雖然較低，卻更有意義的方式去從事、完成一個任務，在電腦的運算中，這可能是一大缺失，卻也是人性中最彌足珍貴的部分。這個特性，值得我們用心維護，甚至還該有所加強。因爲，我們的文化，就是因此而能進步，人之所以異於萬物，恐怕就是因爲我們能在做理性思考的同時，也能出於感性而做出抉擇吧！而當我們想要加強這種訓練，使每一代的人類都能夠更勝上一代的人類，以達到進化的目標時，能夠擔負起這個責任的，豈不就是「教育」？

常在想，所謂的「教育」，究竟是什麼？小時候，看過小鳥學飛，從一開始的搖搖擺擺、起起落落到後來的自在飛翔，曾懷疑過究竟鳥會飛是出自天性還是後天的學習所致？一直到長大後看到自己的小孩牙牙學語，才慢慢領悟，這整個學習的過程，豈不就是在原有的天賦上加一點啓示、一點激發、甚至一點訓練，使得天性能更進一步的發揮得更完好、更淋漓盡致嗎？自古以來，教育促進了文化的發展，豈不就是因爲教育的結果是使下一代的潛能可因此超越上一代？當孔子嘆息著「歸歟」的時候，豈不

正是把對明日的期望放在學生的未來當中嗎？若是如此，我們今天在號稱最具系統化的學校教育裡，對於人性當中最重要的兩個部分，也就是理性的分析統整與判斷，以及感性的直覺與抉擇的開發，不是更該列為重點嗎？

　　但在目前臺灣的教育現場中，我看到的，卻大多是為了訓練機械式的人才而設的「製程」：大量的數據不斷的被載入記憶體中，效能高一點的，可以稍作整理、分類貯存，以備不時之需，只要能夠持之以恆，最後終究會成為完美的機器人；低階一點的，則雜亂無章的隨處亂放，真正需要時，往往無法提取，於是又再儲存一次……。處理資訊時，也往往因為一再重複的運算與提取，使得暫存區中永遠塞滿了各種訊息與處理結果，雖說因此可隨時取用，卻無形中浪費了貯存與處理的資源。而資訊大量的堆積，又使得傳輸與運算的速度降低，更整體拉低了處理器的效能。最要命的是，這樣的疲於奔命，使得這臺不像機器的機器，常因此而出現當機現象。更何況，這些放在暫存區的資料，只要一關機，就又消失無蹤……，於是我們就會說：「現在的孩子真的很不好教，連個簡單的問題都回答不出來。」說穿了，就是連機器人都當不成。

　　AlphaGo打敗國際棋手的事是近兩年熱門的話題，所謂的人工智慧——暫且不管其將來的發展會如何及潛在的危險性——其目的即在於模擬大腦認知、思考和決策的過程，也就是說，是希望機器「像人一樣的思考」，若真是如此，則人的價值豈不就在這些創意、這些跳脫邏輯的思維模式嗎？那麼，為什麼我們在學校的教育裡，常常會發現這個制度卻是要人「像機器般的思考」？

　　尤有甚者，我們在學校的教育中，片片斷斷、零零碎碎的學了一大堆所謂的知識，大多數的人卻沒有能夠學會「一以貫之」，使之內化成自己的智慧，因此，這些知識，充其量也不過是磁碟機裡的訊息，支離破碎

的貯存在不知名的角落，若是沒有經過處理器的處理，實則並沒有太大的意義，連要成爲稱職的機器人都嫌不足，只好勉強去作大型機具的一小部分。若說要爲這樣的理由，從七歲開始，一直到二十多歲，花費生命中那麼重要的黃金年華，只是坐在教室裡，反覆吸收從老師口裡說出來的二手知識，這代價又該如何計算？更何況，即使學盡了所有的知識，最多卻只能成爲「使命必達」的機器人，這又是情何以堪？人類發展出教育這件事，不就是爲了要提升人性、增進潛能嗎？爲何不多提供一些個思考的機會，讓學生能從中去發現、體悟並提出意見呢？

想要培育出眞正的人才，應該是讓受教者有機會在理性與感性兼行的思考過程中逐步摸索、架構，才能夠訓練出來的。就我看來，能夠完成這個目標的學科，人文教育——尤其是國文學科——扮演了一個很重要的地位。因爲在中學時期，大多數學科重視的是眞理的傳授——運動定律、生物演化、大氣活動……，都是明確但無可置疑的！學生的工作僅止在於接受並且記住，頂多就是再加個實驗以證實之。若說要因有所懷疑而提出反證，那也是研究所的工作了。然而人文學科，尤其是國文，卻提供了一個模糊且無法做出定見的情境：孔子周遊列國是否因爲他看不清當時的情勢而貿然行動？馮道究竟是卑鄙無恥的小人還是救人無數的英雄？沈括是科技界的奇才還是忌妒英才的壞蛋？這麼多矛盾的價值觀、不同思考的情境，其實提供了許多值得思辨的素材，若國文老師不利用這個機會，訓練學生的思考力，豈不是太暴殄天物了？

最喜歡在課堂上和學生抬槓，常常爲了一個話題而辯論大半節課：「史可法既偷偷僞裝潛入東廠大牢，怎又抱公膝而鳴咽，不怕別人聽到嗎？而且隔著牢籠，如何抱得到公膝？」「沛公和樊噲一起上廁所，廁所到底有多遠，能讓人商量那麼久嗎？更何況，張良本來並沒有和他們一起如廁的，從哪冒出來的？還有那個受命去找他們的陳平，人呢？」這些

問題大多沒有答案，但人世間的事，豈不也大多是沒有標準答案！會耽誤進度？學生能提得出這種問題表示他一定早讀懂了課文！上課秩序不好掌控？培養學生對學問的熱情豈不重要過乖巧聽話！我喜歡胡思亂想、甚至胡說八道的學生，因為我相信，真理要愈辯才會愈明。

孔子說：「君子不器」。這個「不器」在今日該有更深刻的解釋，人是無法被一個框框限制住的，有時要清、有時要任、有時要和……，最重要的是要能與時俱變。一直希望能培養學生有別於機械的獨立思考能力，雖說這種能力，是我們的祖先早就擁有的。我發現，在整個教學的過程中，由於不斷的發現、思辨，學生對求知的熱度也不斷的提升；我也相信，在他們未來無法避免的必須不斷的求知過程中，這種熱力，正是驅使他繼續努力不輕易放棄的重要能量。十年樹木，百年樹人，我想，教育的目的當不只在三年後的入學考試，而是應該在於終身受用的態度與能力吧！

誠摯盼望這點能讓每個孩子都受用。

數位資源對高中國文教學之助益

潘慈惠　國立臺南大學附屬高級中學

　　舊時的臺南高農，在民國八十六年八月開始試辦綜合高中。民國九十二年八月一日改制爲「國立臺南師範學院附屬高級中學」。民國九十三年八月一日，因應國立臺南師範學院改制爲大學，本校改名爲「國立臺南大學附屬高級中學」。民國九十四年六月：應屆畢業生畢業後，本校職業類科全部結束。同年八月一日新生招生增設普通高中四班，其餘十一班爲綜合高中。

　　「綜合高中」體制甫推廣之初，盛極一時，而後因教育制度的調整、社會種種風氣及觀念的改變，如今全臺綜合高中數量僅餘百所以下。本校仍堅守著這樣的「中間地位」，於客觀環境與主觀立場上，實有不得不然的理由。

　　在這樣的「中間地位」上，高職與高中國文所需要達成的預期效益，一樣也不能少。一年級未分流前，爲顧及可能選擇學術學程的學生們，因此在版本和教學策略上不會有太大的分歧；二年級開始，便有了不同的作法；再加上本校除了普通高中以外尚有七個綜合高中學程：電腦製圖學程、營建技術學程、資訊應用學程、餐飲技術學程、園藝與休閒學程、畜產保健學程、食品加工學程等。老師們可能依據學生特性、學程屬性而調

整教學內容。本人則因圖書館行政職務的關係，無論是接綜合高中班及或是普通高中班級，閱讀推廣與自主學習都是近年來致力的最主要目標。

首先，針對高一同學，為了使其習於字數較多的中長文，我自己的做法會先挑有趣的書籍打開學生閱讀的大門。律定學生閱讀國文學科中心線上測驗系統已列有測驗題目的書籍，以選擇題檢驗學生閱讀資訊的成效。抑或是可利用既有的閱讀資源──圖書館的電子書、電子期刊或班級共讀本，由短及長，藉由導讀與分組討論方式，帶領學生由被動的閱讀轉而為積極的主動思考。

網路可利用於閱讀教學的資源之一，青春博客來閱讀平臺──高中生平臺。一個可以為自己的閱讀留下紀錄的網站，除了有其他讀者（老師或學生）推薦閱讀的書籍之外，還能撰寫該書推薦文（350字以上），甚至以文會友，與其他讀者互動分享閱讀種種。這方式，我將之視為銜接以選擇題檢驗學生閱讀素養能力到書寫長文閱讀心得之間的橋梁。

第三，則是中學生網站之閱讀心得寫作與小論文寫作。「青春博客來閱讀平臺」所撰寫的是書籍「推薦文」，並非閱讀心得，知道如何推薦一本書籍，也就是明白了這本書在自己內心引發的漣漪深淺，而閱讀心得則是檢視在這漣漪下每一道波紋的跌宕韻律。閱讀心得寫作比賽的重頭戲是1000字以上的「我的觀點」，一向也是學生感到最困擾的部分。我的作法會先引導學生從「人事」著手：找出最有印象的人或事，並說明原因。說明此件事或這個人（統整資訊的能力）在書中的因緣起迄，再連結到自身經驗（心得感想），簡單扼要的敘述事件經過或人物遭遇，再結合個人感想，其比例大致為7：3。當然，若是學生能更深入闡發個人感想，在心得部分增加比例是更好的。基本上，學生比較會失衡的是將書中故事敘述太多，心得僅是寥寥數語。摘要策略，在於刪除不必要訊息，包括不相關訊息或重複的訊息，而後歸納語詞、選擇與撰寫主題句，再加以潤飾。因

此，先給學生一個大致的規範和方向，是進行心得寫作指導的第一步。另外，標點斷句、主語賓語不明亦為學生較易出現的失誤，以致所指涉對象模糊，產生文意理解困難的狀況。言之有物之外也當言之有序，是語文教學的終極目標。

至於小論文寫作比賽，學生除了在格式上須先行說明、指導之外，再者就是題目的訂定。基本上想要撰寫小論文的學生，多半已經決定好投稿的類別，只差在此類別中選定「小題大作」的主題。主題的訂定不但與研究動機息息相關，也與生活中是否能對慣有事物抱著想要觀察了解的想法相關。研究目的為承襲「研究動機」，也就是要告訴讀者會有哪些可能的方向是即將進行的。其類型有二：文獻整理導向或問卷調查、訪談為主兩種。在高中階段，就我所指導過的學生中，較常進行的是文獻整理導向的研究目的；當然也有問卷訪查的方式，這部分就要再指導學生如何設計問卷。撰寫小論文是非常需要耐心的，它不像創作，不需要有優美的文辭、纏綿的神思；而是需要具邏輯的思維與條理性的敘述。指導老師的角色，並非在幫學生做完大部分的事情，而僅是從旁協助學生解決遇到的難題；其實小論文寫作，就是一種學生的自主學習。遇到問題，解決問題。其切合PISA閱讀素養評量中所談及的：「在閱讀素養的評量當中，試題的方向要求學生要能閱讀不同種類的文章。包括小說信件、工作申請表格、公眾議題等，透過敘述、立論、機關公告、曲線圖、表格、媒體廣告等方式，引導受試者分析、詮釋、或進一步的評鑑、反思文章內容。」至於時下高中生找資料時，時常僅倚賴網路Google，也不是說不能利用網路資源，畢竟現在線上資料庫查詢相當方便容易。而網路資料的的採信與否，我會讓學生參考下表，以決定是否寫入小論文內容中。

作者	A. 作者名字呈現在網頁上 B. 作者學經歷呈現在網頁上 C. 作者聯絡資訊呈現在網頁上 ○ 作者是否為知名專家或和某機構有關聯
信度	D. 資料文獻清楚陳述目的 E. 作者或贊助者在此主題領域是權威專家 F. 資料文獻沒有性別、種族與宗教的偏見 ○ 出版單位是否為大學、專業機構、政府單位或知名出版社 ○ 是否提供高品質資料來源的參考書目
日期	G. 資料的創作日期是近期且有更新
網址評估	.org　.edu　.gov　.com　優先
內容	H. 網頁上的題名告訴你網頁資訊 I. 資料的訊息對你有幫助 J. 與其他資源相比此資訊是正確的 K. 此資訊可以提高或確認你對此主題的知識 L. 此資料的圖片、照片、圖表與影片可以幫助你了解此主題 ○ 網站是否提供有品質的資料來源，以便於你可以自行再檢閱

在YouTube觀看影片，是許多高中生日常生活中的一部分。而其中可用之於國文教學的不在少數。選擇一些能與學生共同激盪想法的短片或新聞，不僅是一種教學方法的轉換，更重要的是透過學生的回答，理解他們的想法、明白他們的感受，並進而啟發他們的思考。在上課鐘響，老師未到班上時，我會有兩種做法：一是由小老師帶領全班同學進行文章朗讀。朗讀的內容可以是教師自備的短篇佳文、或是班級共讀本中的章節。教師到班上後，再就學生誦讀內容進行約2-3題的提問，因此教師對於學生閱讀內容的備課也是必須的。如此可讓學生活用零散時間，並藉由閱讀激盪學生獨立思辨的能力。二是播放老師事先準備給小老師的新聞影片或廣告短片等，讓學生找出新聞報導或廣告內容中深具創意或使用有待斟酌的字句。畢竟學生目前面對大考，不再是只具備了傳統素養，資訊會以多元的方式呈現，如文字、圖形、聲音、多媒體等，學生必須具備處理多元資訊的素養。除了傳統素養之外，還需具備使用媒體來解讀、評估、分析、製

作、傳播資訊的能力，即媒體素養；使用電腦的能力，即電腦素養；使用網路的能力，即網路素養。而這些素養就是學生走出校園後是否能適應現在生活及未來挑戰，所應具備的知識、能力與態度。

近年來逐漸盛行的「TED演說」，運用於國文教學上，可訓練學生面對群眾演說的能力。身在圖書館的行政職位，我一直期許自己給學生帶來新氣象，而非只有傳統的紙本閱讀。本校校長給了我一些想法，我試著去做後發現，其成果遠超乎我的意料，那便是「TED口語表達」的練習。校內那許多臥虎藏龍的學生，身懷著不被許多人知曉的技能，訪求這些高手並將之公諸於世，其辦法就是，利用午休時間辦理迷你講座。不侷限於課業學習，讓學生整理其專擅或有成就、有興趣領域的學習歷程，運用3-5分鐘的時間，面對10-15人左右的聽眾進行經驗分享。在辦理此項活動期間：有自小學習跆拳道有成的、在學習英語方面特別有撇步的、習舞帶來自信的……。當然，並非所有學生在我交付他們這項任務時便已經能在小群眾面前侃侃而談。因此，需事先與學生討論、練習。活動完成後，還可以讓講者與聽眾有Q&A時間。彼與彼年相若，也許更能引發見賢思齊之心。

國文教學結合數位工具，我的第一步是「Kahoot!」。它是一種可自訂題目的多人線上測驗平臺，能即時反饋學生答題正確性及答題速度。活動結束後，還能將學生的學習紀錄匯出excel檔，方便成績管理。可設計的題型包含測驗、排序、討論、投票等。在進行教科書文本教學時，除去「翻轉」的形式以外，我會將教學內容劃分為幾個小單元並設計成選擇題，借助本校Chromebook或平板電腦及無線網路的設備（亦可運用學生自己的手機），以「Kahoot!」來帶動學生上課的情緒。操作至今，多數學生都享受在這樣high的上課氛圍之中，也能藉以評估學生對課題重點的了解程度。

在數位時代下，身為教育者，教學的初衷及熱忱不能變，但教學方法、教學內容不能再墨守成規，亦須與時俱進。這是不論在哪一種學制下都必須堅守的信念。數位資源對高中國文教學，除了提升個人教學專業知能，也激發了思考創新教學的潛能。才疏學淺，本文僅為個人經驗之分享，或有不周全處；期能在教學的路上彼此打氣勉勵，而非踽踽獨行。

在學生心底埋下一顆喜歡文學的種子——高職進修部的活化教學

莊蕙綺　國立基隆高級海事職業學校

一、前言

　　據教育部計，106學年以高中職受少子化衝擊最為強烈，高一新生從28.4萬人減為25.1萬人，大減3.3萬人。學生減少，也使得高中職規模縮減，目前有四分之三的學校，全校人數不到二千人。少子化對進修部的衝擊尤大，減班甚至停招乃時勢所趨，臺北市近十年就有六所私校關掉，部分公立學校也陸續停招。

　　對學生而言，在學校選擇性更多、門檻逐年降低的大環境之下，仍進入高職進修部讀書的人，除了組成份子來自社會各階層，年齡分布極廣之外，學習的起點行為差異甚大。要如何制定課程內容，銜接他們以往所學，並依據教學現場的突發狀況隨時因應變化，盡力提高學習效果，都是筆者每天遇到的難題。

　　近幾年來，本校進修部的畢業生，就業率比升學率高出許多，國文教學更需著重於實用性。讓學生親近文學、喜歡文學，並培養他們口說筆寫

完整表達的能力，是筆者教學最想達到的目標。

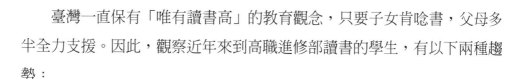

二、學生來源：多元而複雜，深具挑戰力

　　臺灣一直保有「唯有讀書高」的教育觀念，只要子女肯唸書，父母多半全力支援。因此，觀察近年來到高職進修部讀書的學生，有以下兩種趨勢：

　　（一）非畢業生比例增加。持修業證明書報名就讀的學生，近年來大幅增加。據本校某新生班統計，三十一名學生中，持修業證明書者便高達十一人。他們多數表示，國中時期無心向學，有些索性逃學，到學校上課的日子屈指可數。

　　（二）非應屆生比例增加。近年本校進修部學生，非應屆生的比例愈來愈高，甚至還多於應屆生。他們有些是就業數年後才體會學歷重要的青年，有些是幼年因家境困苦而失學，如今想再度拾起書本、勇於追夢的壯年人或年長者。

　　綜上所述，多元而複雜的學生來源，使得高職進修部的教室現場充滿多變性。本校進修部學生，絕大多數擁有正職或兼職打工，他們在學校上課的時間，可說是彌足珍貴。想讓這些白天工作、晚上進修的學子，在辛苦的一天、上國文課的時刻，能感到精神愉悅而有所收穫，實為一大挑戰。

三、教學操作實務：適性化教學，從情境
　　　脈絡著手

　　面對經常處於精神不濟、體力透支的學生，教學活動中最容易引起學

生興趣的方式，便是依個別程度，適性化的教學，並以「情境脈絡」的路徑，讓學生從古人的事例，結合自己的生活經驗，從中得到共鳴與啓發。

（一）從課文當中領略文學的魅力

凡是人，都會樂於欣賞美的事物，何況課本的選文，皆爲精挑細選的經典名作。在課堂上教導學生閱讀、鑑賞這些文章，不僅能夠豐富他們的美感體驗，更能陶冶優雅的氣質。透過字詞結構的分析、意境的解說、再三的誦讀，學生無不佩服於李白詩歌的瀟灑奔放，飄然不群，浸淫於杜詩的情感眞摯、沉鬱頓挫，讚賞東坡辭賦氣象宏闊、意趣高妙，沉醉易安詞的淒婉沉摯、清新自然。這些上乘之作，深刻的情感、雅麗的文采及動人的音聲之美，帶給學生無窮的感動，也擴大加深了他們對生命的體會。

在君主專權的古代社會，文人遭貶的情形十分普遍，貶謫及貶謫文學，可說是中國歷史上一個獨特的文化現象。課本選文中，〈岳陽樓記〉、〈醉翁亭記〉、〈黃州快哉亭記〉、〈始得西山宴遊記〉、〈赤壁賦〉等皆是文人遭貶謫後，寄情山水的抒懷之作。教學時，不但就文字形式的美，欣賞文人在藝術上的成就；又從內容的美，分享自然景色的壯闊。筆者最常勉勵學生，人生不如意十之八九，我們不妨學習這些文章超然物外、放曠自適的胸襟。

由於筆者服務於海事學校，因此學生對於海洋文學也特別感興趣。在課堂上，筆者會針對西方與臺灣的海洋文學發展、以及主要作家作品，作一有系統的介紹及講述。其實，西方海洋文學有一種野性與好奇的悸動，臺灣海洋文學有一股外放與冒險的風格，均十分適合青少年閱讀研習。從廖鴻基細膩的海洋觀察與書寫，帶領學生細細品味文章中描述的海岸線，海上的天空、雲層、浪濤等風光，鯨豚魚類的各種樣貌，對於本校學生而言，既熟悉又新奇。而夏曼・藍波安所寫的蘭嶼故事，學生亦十分喜愛，

尤其是描摹達悟族夜捕飛魚的活動、海上星空閃爍與銀白的浪花相互輝映的靜謐的場景，皆令他們十分嚮往。筆者希望他們將來有機會從事海洋相關工作時，能夠回想高職所閱讀的海洋文學，是如此的斑斕精彩，那麼，他們對於海洋、對於文學，都能有更深一層的體悟。

（二）以作者生平激勵學生的上進心

學生常問，我們學古文，還能欣賞優美的文詞與意境，但我們讀那麼多古人的生平，有什麼用處呢？我會如此回答：我們可以從他們身上學習優點、反省缺點，「以人為鏡，可以明得失」（唐太宗語）。尤其這些古人多是才德兼備的謙謙君子，別把重點放在他們「古人」的身分，無論古今中外，人類的情感是共通共融的。

本校進修部的學生，有許多人在國小、國中時期的求學道路上不甚順遂，有的是因為自己叛逆不想去學校，有的是家庭環境艱困所致。他們對學習喪失了興趣，也喪失了自信心。然而在選文的作者生平裡，學生會讀到古人更加悲慘的經歷：諸葛亮早年喪父，由叔父撫養成人。韓愈生二月母卒，三歲而孤，長兄早卒，由嫂鄭氏鞠養。范仲淹二歲而孤，家貧無依，隨著母親改嫁。歐陽脩四歲喪父，家境貧寒，歐母畫荻教他識字。這些文人皆學識淵博，聰穎過人，但成長過程卻是備極艱辛。由此勉勵學生，古人遭受巨大的困難，都能安然渡過了，自己一點小挫折，又算什麼呢？

從作者生平又可見到一個人的性格決定命運，教學時，我會讓學生特別記取前車之鑑。如劉禹錫和柳宗元為知己之交，兩人同時參與中唐永貞革新，改革失敗後同遭貶謫。柳宗元性格激切而個性執著，雖然有著敏銳的哲學洞察力，但是對於貶謫的挫敗經驗，始終難以釋懷，時時感到危疑、孤獨、惶恐，最後年僅四十七抑鬱而終。反觀劉禹錫，性格爽朗豪

邁，和柳宗元一樣有著長期的流放生涯，他反而因此開創了寫作的另一契機，吟詠民情風俗的詞作，膾炙人口，對於文人詞有開創之功，最後還活到七十餘歲。相似的遭遇，卻因性格不同，而有迥然不同的人生結局，這是值得我們深思的。

蘇洵二十七歲始發憤為學，廖宏基三十五歲才成為討海人並開始寫作，透過這些例子鼓勵學生，只要下定決心，往目標邁進，永遠不嫌晚。

（三）從口說到手寫的作文練習

習慣利用電腦打字、甚至語音輸入的學生，作文課的紙筆練習，不僅錯字百出，辭不達意，甚至整節課呆坐搔頭咬筆，硬是擠不出五十個字的情況，比比皆是。遇到這類學生，筆者首先會請他輕鬆的就題目講一講看法，包括正面的意見、反面的觀點，最好能舉出一些實例。講話，他們可行了，比手畫腳、口沫橫飛，通常能說出一番見解。然後進入下一個步驟，把說話內容化為文章，將寫作練習當成和老師的聊天記錄，並強制規定起承轉合，條理分明。平時，要求他們留心生活中的事物，從中發掘寫作的素材，並加強觀察力，嘗試就細小事物或感受著手描繪，再逐漸加寬加廣題材的範圍。每教一課，便要他們背誦一句名言，如〈岳陽樓記〉的「先天下之憂而憂，後天下之樂而樂」；〈廉恥〉的「士大夫之無恥，是謂國恥」，理解這句名言的意涵，在寫作時適時加入，增強文章的說服力與文采美。

由這些步驟的練習，慢慢累積學生口說手寫的能力，學生通常都能有長足的進步。以往常常聽到如此的抱怨：「不知道這個學生是怎麼從小學畢業的？」「他國中都在讀什麼書？」為了避免學生被說成「高中國文老師都不教嗎？」筆者一定要他們從改錯字開始學起。訓練至畢業前，學生的寫作功力大增，有些年紀大的學生表示，作文練習極有功效，如今公司

撰寫公文或報告，都由他們執筆，駕馭語言文字的能力，大大提升。

四、結論

高職進修部的上課時間在夜晚，學生往往已經上了一天班，到了學校還得打起精神認真上課。此時，老師的上課方式宜活潑、豐富而生動。筆者認為，國文科的教學應力求課程活化，與其把所有時間花在解釋字詞、修辭、結構分析，不如進一步延伸，將文章內涵、作者生平，與學生的經驗加以結合，更能吸引學生的興趣，增加他們的認同感，啟發他們得以省思自我。給學生魚吃，不如給他們釣竿。相較於單方面的傳授知識，寧可多一些師生互動，讓學生表達意見，培養他們思辨理解的能力，以因應快速的社會變遷。

經典的文學作品，乃超越時空而體現人類普世的情感，它能陶冶人的性情，塑造人的靈魂，擴大人的視野，因此國文課極為重要。透過國文課，讓學生知道千百年的歷史中，多少人都曾思索自己生命的意義，千萬別作一個只關注柴米油鹽、過一天算一天的人，要增進思考的能力，活出自我的價值。

身為國文教師，筆者期望在課堂上教導學生正確的人生觀，期望他們不要妄自菲薄，能夠立下宏願，期望在污濁的塵世中，帶給他們一點點文學美好的想望。雖然不一定聽得進去，但我總想在他們心裡埋下一顆喜歡文學的種子，期待日後能發芽茁壯、枝繁葉茂。

108課綱下統測國文文言文閱讀測驗擬議

李維恩　高雄市立中正高級工業職業學校
黃學文　高雄市立中正高級工業職業學校
黃一軒　高雄市立三民高級家事商業職業學校
吳欣潔　國立鳳山高級商工職業學校

一、核心問題

本文針對「技術型高中」（舊稱「高職」）程度的學生，欲探討技高學生的文言文閱讀力該達到什麼程度？同時對應於四技二專統測文言文考題的內容應該做哪些調整？

二、關於「文言文程度」的思考

現代社會以白話文作為溝通的語言，對於文言文的閱讀能力，有必要加以討論其「程度性」。也就是說，現代人對於文言文的解讀能力該達到什麼程度？放眼臺灣各級國家考試、大學（研究所）入學考、國中教育會考等，「國文」一直是考科之一，文言考題的難易度雖有差別，但是考題品質的優劣度還可以再向上提升。我們若以「學科能力測驗」與「統一入學測驗」相比，不難發現兩者的國文考題差異度其實不大，除了考字形、

字音、字義、成語、現代應用文書、基本國學常識、部定選文內容、語文表達（寫作）相同外，在「文言閱讀理解」考題中，兩者也沒有多大的差異性。我們要思考的是：普高學生與技高學生學國文的「目的」有何不同？藉此來作爲「學測」與「統測」國文考題的命題方向。而觀察兩者的文言考題內容，都有著培養「古文研究者」的影子。文言文考題大多是學生在高中（職）三年的國文教育中所未見的文言篇章，透過這樣的篇章來測驗學生的文言文解讀能力。試問：「文言文解讀力」對於技高學生是不可或缺的嗎？技高學生遇到自己專業能力有所不足處，需要去翻閱古籍的情況有多少？如果機會不多，那麼花三年的時間來訓練「文言文解讀力」的意義爲何？

回想1917年，胡適在《新青年》上發表〈文學改良芻議〉，提倡使用白話文寫作以來，迄今（2018）恰滿一百年。現今統測國文文言文考題能否不單只是測驗學生對於冷僻古文的「翻譯力」？而是可以有計劃地選錄優良文本，以「品味閱讀、了解文化」來出題，培養學生鑑賞文本的能力。畢竟古典文學中有許多「優良文本」，包含詩詞歌賦、駢文散文、小說寓言、散曲戲曲、義理思想等，筆者反思：我們有那麼多優良文本可以考，爲什麼要考一堆非優良的篇章？目的只是測驗「文言文解讀力」——給學生一篇文言文看他能否翻譯並了解多少？另站在學生立場來提問：出題者在古典文學方面爲什麼不考優良文本（或經典篇章）而是考未出現在高中三年國文教育中的文本？如果高中教材所涉及的文本都不會是統測考題，那麼何必多花心力在國文課堂上？

三、統測文言文應該「考什麼？」

提及「文言文解讀力」，它的養成是一個長時間過程。以中學國文教

師的求學經歷觀察：從他國中時期接觸文言文，到大學接受專業國文訓練而畢業，大約十年。一位老師要花十年才能有還不錯的文言文閱讀能力，為什麼要求學生在中學六年就必須具備這樣的專業能力？[1]

再反觀國文教師的文言文解讀力的養成過程：大學時期所研讀的《中國文學史》、《中國哲學史》、歷代文選、歷代詩選、歷代詞選、歷代曲選、古典小說選讀等透過對於歷代優秀作品的研析，累積文言文解讀力、鑑賞力，進而提升對古典文學的研究力。教師在教學現場，對於課內所提及的篇章加以補充外延，擴充學生對於課內知識的學習版圖，建構完整的文學知識。教師所補充的內容，會以他所研讀的文本為基礎，所以補充的內容多是歷代優良文本；然而，這些補充內容，見於統測的機率偏低！試問：老師用心補充的優良文本，大考幾乎不太考，該如何說服學生用心研讀？學生常用「投資報酬率」的心態看待國文，因為投報率低，所以往往捨棄閱讀的動機，寧願把時間花在數學、英文或其他專業科目上。「學生所學」與「統測所考」的文言文內容更加南轅北轍，如此的考試內容應有其調整的必要。

是故，「技高生對於文言文的解讀能力該達到什麼程度？」筆者希望是「通曉經典作品」——高中三年的國文教育在古典文學方面應該以此作為核心目標。統測既然扮演著檢視學生在高中三年所學，對於學生文言文能力的檢測，必須要與學生所學緊扣；考「優良文本」有其不可或缺性。

順此，「優良文本」可從哪些書籍選材呢？將古典文學分為「韻文」與「非韻文」兩大類，以下推薦之。韻文方面：《詩經》、《楚辭》、

---

[1] 對照筆者自身的教學經歷，截至目前教了十年書，一邊攻讀博士學位，我對文言文的解讀力也只敢跟他人說「大部分看得懂，比較沒有障礙」，而對於自己讀不懂的篇章字句，還得藉由歷代注家的訓詁解釋，詳加參校，選擇比較合適的說法。投入二十年培養的文言文解讀力，也只是算「好」，不敢稱「優」。

賦、古詩、樂府詩、近體詩、詞、曲，選取歷代名篇。非韻文方面，以《古文觀止》作為基礎，加上《史記》、《昭明文選》、《古文辭類纂》所選錄的篇章；再加上「歷代小說」：《世說新語》、《人物志》、唐傳奇、《水滸傳》、《三國演義》、《聊齋誌異》、《紅樓夢》、《老殘遊記》等。哲理文選也應該選讀，如：《論語》、《孟子》、《荀子》、《老子》、《莊子》、《墨子》、《韓非子》等[2]而技高學生可再研讀《天工開物》關於古代科技的文章；此外，「臺灣古典文學」也可以是出題的範圍。

四、統測文言文應該「怎麼考？」

上述的「範圍」已回答「統測文言文要『考什麼？』」在這樣廣博的範圍中來出題，絕對有足夠的素材來測驗學生。接下來就是「統測文言文『該怎麼考？』」

考題最重要的是具有「鑑別度」，所以文言文考題的題型可以用「擷取訊息」、「文意理解」、「延伸比較」三個主軸來出題。而統測國文的文言文考題有「單題」與「題組」兩種題型，「單題」多測驗學生文意理解的能力，「題組」則可涵蓋這三個向度，舉「106年統測」題目來說明：

---

[2] 另外《孫子兵法》可以培養未來職場競爭上如何出奇致勝的智慧；選讀《黃帝內經》可以了解古代醫家教人保養身體的養生觀念，兩者都是值得研讀的經典。

10. 下列成語，何者最符合畫底線處虞、芮之君的表現？

虞、芮二國爭田而訟，連年不決。乃相謂曰：「西伯，仁人也。盍往質之？」入其境，則耕者讓畔，行者讓路；入其邑，男女異路，斑白不提挈；入其朝，士讓為大夫，大夫讓為卿。虞、芮之君曰：「嘻！吾儕小人也，不可以履君子之庭。」遂自相與而退，咸以所爭之田為閑田矣。

（《孔子家語·好生》）

(A) 不自量力
(B) 妄自菲薄
(C) 畫地自限
(D) 反躬自責

　　這題主要在測驗「文意理解」，亦即畫線處，虞、芮之君所言主要在表達什麼？學生透過觀察上下文不難選出「反躬自責」的正解。

11. 下列甲、乙兩首題畫詩，表達出何種處世哲理？

甲、咬定青山不放鬆，立根原在破岩中。千磨萬擊還堅勁，任爾東南西北風。

（鄭燮〈竹石〉）

乙、畫工何事好離奇？一竿掀天去不知。若使循循牆下立，拂雲擎日待何時。

（鄭燮〈出紙一竿〉）

(A) 甲：追根究柢；乙：循序漸進
(B) 甲：追根究柢；乙：勇於突破
(C) 甲：堅毅不撓；乙：循序漸進
(D) 甲：堅毅不撓；乙：勇於突破

　　將兩首題畫詩對比，測驗學生是否能掌握各詩主旨，亦為「文意理

解」測驗。如果學生能夠翻譯兩詩，甲詩著重在「咬定」、「立根」、「還堅勁」可判斷是「堅毅不撓」的意象。乙詩則可從「離奇」、「一竿掀天去不知」、「若使……待何時」得出「勇於突破」的想法。

單題以「文意理解」為主，搭配「成語」作為選項，一直是統測的常見的題型。然而考題的內容應該可以再更「精緻化」。例如：將第10題的選項改用《論語》裡的話語，和《孔子家語》作一個繫聯，那麼這題就不再只是單測驗「文意理解」，會再包含「延伸比較」的成分。

（二）「題組」考法

統測的閱讀題組共6大題，每題有3小題，計18題。其中文言文占3大題；此3大題中，有兩題為單篇文章，另一題是「古文與現代文對比」。以下說明之：

▲閱讀下文，回答第30–32題

　　明嘉靖中，一樵人朝行，失足墮虎穴，見兩虎子臥穴內，深數丈，不得出，徬徨待死。日將晡，虎來，銜一生麑，飼其子既，復以餕[1]予樵，樵懼甚，自度必不免。迨昧爽，虎躍去，暮歸飼子，復以餕與樵。如是月餘，漸與虎狎。一日，虎負子出，樵夫號曰：「大王救我！」須臾，虎復入，俛首就樵，樵遂騎而騰上，置叢箐中。樵復跪告曰：「蒙大王活我，今相失，懼不免他患，幸導我通衢，死不忘報。」虎又引之前至大道旁。樵泣拜曰：「蒙大王厚恩無以報，歸當畜一豚，縣[2]西郭外郵亭下，以候大王，某日日中當至，無忘也。」虎領之。至日，虎先期至，不見樵，遂入郭，居民噪逐，生致之，告縣。樵聞之，奔詣縣廳，抱虎痛哭曰：「大王以赴約來耶？」虎點頭。樵曰：「我為大王請命，不得，願以死從大王。」語罷，虎淚下如雨。觀者數千人，莫不歎息。知縣，萊陽人某也，急趣釋之，驅至亭下，投以豚，大嚼，顧樵再三而去。

（王士禎《池北偶談》）

【注釋】1.餕：剩餘的食物。2.縣：通「懸」。

30. 依據上文，下列敘述何者正確？
    (A) 樵夫因逐虎而墮虎穴
    (B) 樵夫畜豬俟老虎索食
    (C) 老虎報樵夫飼子之恩
    (D) 老虎欲救樵夫而遭擒

31. 依據上文，老虎「入郭」的原因為何？
    (A) 為報樵夫恩情
    (B) 獵取城中牲畜
    (C) 錯失約定之日
    (D) 欲尋樵夫履約

32. 依據上文，下列「」內的解釋，何者正確？
    (A) 樵懼甚，「自度必不免」：暗想終將餓死虎穴
    (B) 樵遂騎而騰上，「置叢箐中」：躲避在草叢裡
    (C) 今相失，「懼不免他患」：恐迷途山中或遭噬
    (D) 「急趣釋之」，驅至亭下：識趣的將老虎放生

　　本題組第31題測驗「擷取訊息」，其餘兩題測驗「文意理解」。我們先向出題者提問：「考王士禛這篇文章的目的為何？」「這篇文章可否算是優良文本？」考題應該也要是有教育意義的，那麼「這篇文章的『教育意義』在哪裡？」從三個題目中沒有發現這個部分。

　　前文所言考題最重要的是具有「鑑別度」，文言文考題的題型可以用「擷取訊息」、「文意理解」、「延伸比較」三個主軸來出題。本題組第30題考「文意理解」，第31題考「擷取訊息」，但內容是同一件事（──樵夫畜豬俟老虎索食，而老虎因「先期至」沒看到豬，所以進城欲尋樵夫履約。）這樣的問法尚有改進的空間。

　　第32題明顯考的是「翻譯」，直接測驗學生文言文的解讀力。我們一同反思：「目的為何？意義為何？必要性為何？」「學生不論選對或選錯此題，對他的人生有何影響？」（──希望答案不會是「少了這2分，就

無法進第一志願」。）

　　另外一題文言文題組（《澠水燕談錄》）也是如此的題型。筆者希望，文言文題組單篇考題的內容可以是「優良文本」，其所涵蓋的三個小題，可以是呈現「擷取訊息」、「文意理解」、「延伸比較」三個主軸的題目。然而，除了優良文本外的文章也不是不能考，如果可以與「優良文本」相互對照來考，也不失作為另一個主軸——「鑑賞分析」的實例。

　　最後，筆者認為統測最該研發且保留的文言文題型是最後一個題組：以課內的文言文與現代人對於該文的研究或評論對比參照，測驗學生「文意理解」、「鑑賞分析」、「延伸比較」等面向的題型，符合現代「素養取向」的測驗精神。

▲閱讀下文，回答第36–38題

甲、蘇子曰：客亦知夫水與月乎？逝者如斯，而未嘗往也；盈虛者如彼，而卒莫消長也。蓋將自其變者而觀之，則天地曾不能以一瞬；自其不變者而觀之，則物與我皆無盡也，而又何羨乎？

（蘇軾〈赤壁賦〉）

乙、黃州三年，蘇軾從大自然中獲得了更深的體悟。大江滔滔東流，明月缺而復圓，天地間一切現象看似不斷變化，但如以永恆的觀點來看萬物萬化，則江水何嘗流去，明月也無所謂消長。倘若江水、明月無盡，草木之春榮秋落無盡，則我們的生命亦豈有盡時？人，也是大自然的一份子，若人生不被強行分割成過去、現在、將來等片段，造成狹義的時間觀念，就不會被拘限在特定的時間框框裡。《莊子‧大宗師》的一段話，正可做「自其不變者而觀之」的註解。莊子說：把船藏在山壑裡，把山藏在大水裡，自以為藏得很牢固，但如果半夜來個大力士，將天下背起來跑掉，愚昧的人還不曾知道哩！物按大小做適當的儲藏，仍不免失落，要是能「藏天下於天下」，就根本無從發生「失落」這回事了。

（改寫自李一冰《蘇東坡新傳》）

36. 下列關於甲、乙二文的敘述，何者正確？
    (A)甲文是乙文的創作基礎，甲文所顯現的儒、道衝突爲乙文闡發的重點
    (B)甲文的蘇子是蘇軾的化身，乙文中的蘇軾融合了史實與李一冰的闡釋
    (C)甲文用蘇子與客對話來敘寫，乙文則用蘇軾閱讀《莊子》來開展故事
    (D)甲文強調蘇子深陷人生無常的傷悲，乙文則凸顯蘇軾超越生死的智慧

37. 乙文認爲：莊子「藏天下於天下」可做爲甲文「自其不變者而觀之」的註解，應是基於：
    (A)蘇軾從「不變」體悟了「萬物與我爲一」，其哲理與莊子贊同的「以不藏爲藏」相近
    (B)蘇軾從「不變」體悟了「萬物與我爲一」，其哲理與莊子贊同的「用行而舍藏」相近
    (C)蘇軾從「不變」體悟了「世事終有定數」，其哲理與莊子贊同的「以不藏爲藏」相近
    (D)蘇軾從「不變」體悟了「世事終有定數」，其哲理與莊子贊同的「用行而舍藏」相近

38. 乙文所說的「失落」，主要是由什麼原因所造成？
    (A)心有拘執
    (B) 天下無道
    (C) 藏才隱智
    (D)物我無盡

　　蘇軾〈赤壁賦〉爲高中國文核心古文之一，也是經典篇章，尤其在「面對不如意的調適」的議題上，〈赤壁賦〉文中的「水月之喻」（本題甲文內容）更是使人可以豁然開朗的思想素材。暫且不論李一冰所用「藏

天下於天下」來詮釋「水月之喻」是否能精準到位？[3] 但是對於閱讀經典有自己的感悟是值得推崇的。

　　放眼臺灣碩博士論文、期刊論文對於古典文學的研究多如繁星，如果可以找尋優良的論文，搭配經典文本作爲考題，勢必提升統測文言文考題的品質，尤其透過這樣的考法，測驗學生的思辨力，是符合現今考題趨勢，以及爲學生在日常生活中辨析資訊的能力作準備，這比單考「翻譯」來得有意義得多。所以結合古典與現代的考題是比較適合出現在統測的題目中的。

五、結語

　　綜上所述，四技二專統一入學測驗國文科文言文的考題能否用「優良文本」作爲出題素材，搭配現代學者的研究成果，將考題設計成「擷取訊息」、「文意理解」、「鑑賞分析」、「延伸比較」等面向，達到具有「鑑別度」的題型，可以更符合「素養導向」的選才精神。

---

[3] 《莊子・大宗師》：「夫藏舟於壑，藏山於澤，謂之固矣。然而夜半有力者負之而走，昧者不知也。藏大小有宜，猶有所遯。若夫藏天下於天下，而不得所遯，是恆物之大情也。……故聖人將遊於物之所不得遯而皆存。」此處所言「藏天下於天下」須配合「聖人」的立場說解，道家的「聖人」是偏向於人間君王的身分，所以本段應該是在勸說君王不要將天下人視爲自己的私產，而是要用「道」的立場來「藏」（安頓）天下。
東坡所用「水月之喻」勸說洞簫客，重點在以「道」（不變者）的立場看待萬物消長，則「物我無盡」。對比「藏天下於天下」尚有目的性的不同。

社群
開張

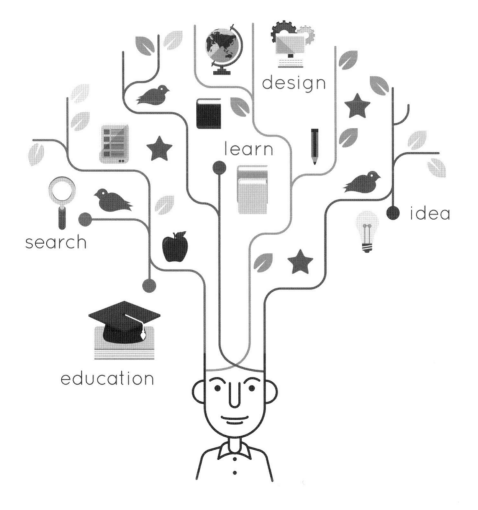

自然而然形塑分享與合作——國文科專業跨校對話共享社群

林鍾勇　國立苗栗高級商業職業學校

一、前言

　　專業學習社群已然成為近幾年來臺灣重要的教師增能組織。通常是一群具有共同學習核心興趣意願的人員，以持續性的帶狀發展，透過彼此交流、相互激勵學習，以提升核心的理念、願景或目標。

　　現今國內的社群如雨後春筍般地繁盛湧現，不乏有各類型成功的案例可參考。然而，每個社群因其核心目標、運作方式、組織成員等不同，勢必無法全面採照搬演；加以歷經教專評鑑的桎梏磨難後，許多同仁聞及專業課程討論，往往望風卻步。如何讓社群成員在沒有壓力的環境下，逐步找回教學伊始的熱忱？是筆者在召集社群時最初面臨的問題。

　　因此，本文意在立足於學習共同體的教育願景，讓老師們從互相學習中建構出「學習專家」的成長風氣。說明如何簡單地從「邀請分享」、「自然形塑」的核心主軸中，使專業學習社群從「無到有」，再從「有到整」之步驟與過程。

二、浴火中的經驗檢討

　　本社群名爲「國文科專業跨校對話共享社群」，成員包括：苗栗高商周佳郁、詹雅筑、劉鈺芳、林鍾勇與苗栗農工莫素娟等幾位老師，於106學年度重新起動。之所以說「重新」，原因是早在103學年度時，筆者即試圖召集並成立「閱讀策略學習共同體社群」。

　　顧名思義，該社群原本的構思，是以佐藤學的「學習共同體」爲思想核心，希望能汲取差異化教學、翻轉教學、學思達等教學方法，以「閱讀理解」爲主要策略，透過跨校合作的方式，爲高職國文尋求有效的教學方法。

（一）組成目標

　　「閱讀策略學習共同體社群」除了實際的聚會活動外，同時還建置相關的臉書社群，提供老師們交流回饋。相關組成如下：

組織成員	鄰近兩職校5人到含高中9人，之後臉書改名爲「師農工商國文共備群」。
進行方式	協同備課、同儕省思對話。
預定目標	1.透過協同備課、同儕省思對話，致力於教法創作與有效教學之達成。 2.藉由專題講座、主題經驗分享，充實個人專業技能。 3.研擬有效之國文閱讀策略學習單，透過教學觀察與回饋，相互觀摩與成長。 4.以跨校合作的方式，交流不同的資源與文化，提升校際教學研究之風氣。

（二）發展變化

　　如上表所述，原先設定的目標，是希望以「閱讀理解」爲主要策略進行共同備課。然而，每位老師的教學理念、教學的年段，以及教學的目標均難以一致。在進行幾次交流後，未能眞正凝聚發展出共識。之後轉變

成以邀集專家名師進行演講研習，每個場次的主題無法完全落實於課堂實踐。

（三）無疾而終

忝為召集人，依然希望社群能朝向協同備課，與同儕省思對話為目標。於是在臉書社群上，試圖分享個人的教學流程，提供給成員們參考。希望可以產生拋磚引玉的效果，讓其他老師能加入線上分享的行列。不過，也許是分享的內容太過詳盡，讓老師們覺得複雜而卻步不前。最終變成個人書寫教學省思的獨角戲，無法達到真正的支持成長。

三、再次振羽的初衷回歸

在大安高工林淑芬老師的邀請成立分區社群下，沉寂許久的社群魂又被點燃。鑑於前番的失敗經驗，本次再度出發前，筆者重新審視如何在自然的氛圍中，慢慢開展社群「共備共好」的本質，以建立實質有用的教學經驗交流。

首先，筆者沉思社群聚成的目的是什麼？大家最想要的是什麼？從目標方向去定位想像，讓組織成員們有共同的願景。其次，應該要讓社群的負面阻力減小。如何讓成員在無負擔的環境中，願意踏出第一步？在良好的氛圍裡，願意拿出自己的拿手菜？是個人思考的第二點。而繁複的行政、書面／表面流程，往往也是扼死社群的凶手。因此，如何將所有的程序簡化再簡化，是應該要注意的第三層面。

（一）以分享為起始

近年國內社群的蓬勃，部分是頂著上級交辦的要求而成立。由上而下

的社群，雖然在擬訂共識上阻力較小，但也容易變成績效的製造機，背離專業學習社群的初衷。筆者所召集的社群，少了這些煩惱；但相對而言，容易沒有共同的願景目標。

社群目標的建立，是發展的重要標的，也是測量是否偏離主軸的依據。前身社群的失敗，就是欠缺目標的設計，導致逐步地脫離原貌。那麼，該以什麼做爲核心起始？「教學分享與交流」就是一個實質有用的開端。

（二）以成員為中心

確立以分享爲起始後，接下來就可以以此爲名招募會員。相信能在課堂執教，每位教師理應有幾道拿手料理可秀出。以「平時有做，只是沒有交流的教學分享」爲號召，降低了不少社群討論的壓力。

爲避免像前次社群中只有筆者（召集人）一頭熱的情況產生，「以成員爲中心」的建構是很重要的另一項條件。學習TED「散播值得分享的好點子」的精神，召集人的任務應該是建置一個平臺，讓每位成員輪流成爲主講者。如此，既能降低召集人的壓力，也能讓所有成員輪流揮灑分享專長，使討論持續地延伸下去。

（三）以簡化成精緻

所謂「少即是多」、「少即可精緻」。過去書寫個人省思分享時，曾有成員提醒筆者，也許是因爲當初書寫的內容太過繁瑣，方才造成他們遲疑不決。至於一般行政主導的計畫執行，更是爲了成果報告，往往耗費大量心力去堆砌資料。所以，回歸社群的核心目的，若是爲了支持教師的專業成長而設，則其餘非重點的工作細目，自當能省則省。故自訂以下「三化」做爲建立社群的執行綱領：

時間簡化	約1.5月至2月一聚。
內容簡化	1. 無論分享或是觀課,每次只針對一個教學上的亮點去聚焦,不應過分重視細瑣的枝節。 2. 著重在活動「發想→規劃→執行→修改省思」的過程討論與成長。
觀課簡化	1. 不一定要很正式的書面資料。可以將教學流程「圖表化」、「流程化」、「摘要化」。 2. 不必有太多的文字敘述,重點在於執行後的「回饋建議」與「修改」。

四、搏飛緩扶的初步成果

　　佐藤學對學習的性質定義為「相遇與對話的學習」。意即串聯知識、串聯同伴,與串聯自我的相遇與對話。[1] 換句話說,學習是一種瓦解內在的自我,與外部世界關聯的歷程。無論對學生的課堂學習,還是教師社群的交流,「相遇與對話的學習」都是很必要的。

　　「分享會」與「觀課回饋」是本社群(國文科專業跨校對話共享社群)的兩個向度。它們都是本於「相遇與對話的學習」而啟動的。

(一)分享會執行

1. 邀請:由「主動」到「邀請」

　　因本社群為跨校組成,每位教師課表空白交集的時段有限。在聚會總次數無法提升的情況下,希望能增加每次討論的深度。因此,每回聚會安排兩場分享會,分別由成員輪流主講。而召集人理所當然成為第一場的主講人;至於第二場,可採預先邀請的方式產生人選。第三場以後,則在每次聚會時,邀請尚未主講的老師擔任下個場次的分享人。

---

[1] 佐藤學:《學習的革命:從教室出發的改革》(臺北:天下雜誌,2012年),頁58。

2. 分享：由「邀請分享」到「自動分享」

不斷向成員灌輸觀念：社群絕對不會增加大家的負擔，只要將平常我們做過的課堂分享出來就好。而且，不必是完整的一課，只要是你覺得適合學生的亮點即可。一開始若不知道要如何選課，可以先從「最擅長／最想／最近」的一課開始分享起。每一場次爲一小時，主講人不是從頭講到尾。相反的，應該要從「分享」之中，組織「對話」的契機，進一步互相「交流」過往的教學經驗，達到同儕省思的目的。如此進行過數次，逐漸產生社群的動能，慢慢地會由邀請分享轉變爲自動分享。

3. 循環：讓所有人成爲主角後發光發熱

「邀請分享」與「自動分享」可以交互作用。當平臺建構完成後，不必特意要求輪流的順序，可以讓它自由發展組成。以本社群某個場次的分享經驗，莫老師的紀錄片分享內涵豐富，在一個場次無法完整呈現，於是延到下個場次繼續分享，眞是一場勝似一場。每個人在分享會上成爲主角後，所獲得支持回饋，亦有益於推動社群的向上發展。

（二）觀課與回饋

在教專評鑑的強力推波下，原本立意良善的觀課活動，成爲紙本堆砌的擾人印象。觀課，似乎已然成爲教學工作者的黑暗魔咒。因此，在邀請社群成員觀課時，首先就是要破除上述的負面印象，讓觀課回歸正確的軌道。

觀課的主要目的是彼此的互惠學習。換句話說，就是從實際的教學現場分享中，相互砥礪成長，以構築「同僚性」。[2]它絕不是以「觀摩—被

---

[2] 佐藤學：《學習的革命：從教室出發的改革》，頁149。

觀摩」的單向權力的挑人毛病，而是在於「創造互學關係」與「實現優質學習」。讓觀課者與執教者，藉此相互「學習與省思」，進而不斷地在「教學→回饋→修正」的過程中，令教學目標日益完善。

1. 確定觀課中心

　　教學方法千百種，若觀課者只是針對執教者的「教法」建議另一種「教法」，那僅僅是提議另一種「教法」而已。即使這可能對執教者的教授有增能啓發的作用，但對學生學習而言，不見得會有助益。因此，個人認同學習共同體的觀課法：「在課堂研議會中，必須以學生的學習爲中心進行討論，對於授課者並非給予建言，而是根據教室發生的事實相互學習。」[3]

　　觀課的焦點應放在孩子身上，重視「課堂事實」、「學生學習情形」的討論，而非放在「如何教」、「授課技巧」上。準此，觀課回饋表的設計（見附件一），其重心也應該落在學生學習的成立，提供執教者具體可行的未來改進策略。

2. 確定回饋對象

　　「觀課回饋表」的回饋對象是被觀課的老師（執教者）。以往教專評鑑的目的，美其名是爲了「互相學習、彼此溝通、相互觀摩」，但實際規格化的結果，老師們爲了應付要求，不得不完全依照其規準。不僅浪費老師們的心力，甚至造成教學動能的萎縮。如今，教專評鑑改爲教師專業發展支持系統，說明了此種爲評鑑而進行的觀課實爲無用。

　　回到觀課的核心目的，應該爲了讓多樣的經驗與見識產生交流的可能性。所以，對被觀課者而言，觀課的回饋內容不是爲了評鑑做資料給人看

---

[3] 佐藤學：《學習革命的最前線》（臺北：遠見天下文化，2013年），頁109。

的，而是教師之間爲了成就每位孩子學習的卓越成長。

3. 簡化爲單一原則

如上列所言，觀課的中心是「學生」，回饋的對象是「被觀者」。所以，只要能實際幫助到「學生」的學習成立、對執教的「被觀者」有所協助；並透過多樣的心得交流來相互學習，則形式應當不拘。

簡單的說，對被觀者有助益的不一定是書面；觀察紀錄也不必面面俱到。有回饋表可行，沒有回饋表用口頭交流也未嘗不可。只要對被觀者有助益，並能讓觀課者自我省察，進而思考易位而處的教授方式，已經足以完成學習共同體的建構。

五、未來的青天之路

現今教師的處境越來越不利，教學工作不斷在增加。十二年國教後，跨科教學的風行，也許對課程鬆綁有利，但無形中也增加了教師備課的負擔。加以年金改革的不友善，晚任教職的筆者，已有教到六十五歲的覺悟。所以，以社群「相互砥礪」，達成「自我成就」，最終「形成文化」，在現實層面上可以減輕每位教師的重擔。教師的能力不是天生的，而是從學習經驗中琢磨出來的。期許「國文科專業跨校對話共享社群」能持續地透過「分享」與「觀課」交流，不斷地進行「對話」與「省思」，進一步在時機成熟時邁向逐冊共備之路。

附件一、觀課回饋表

學生的活動表現	非常滿意	滿意	尚可	不滿意	非常不滿意
一、全班學習氣氛					
1. 營造安心的學習環境	5	4	3	2	1
2. 學生能專注於學習內容	5	4	3	2	1
3. 尚未實施或其他建議：					
二、學生學習歷程 **（一）師生互動**					
1. 老師能鼓勵學生自主思考並發言	5	4	3	2	1
2. 老師能傾聽學生並予以即時回饋	5	4	3	2	1
3. 尚未實施或其他建議：					
（二）個人學習					
1. 學生能參與學習並主動思考	5	4	3	2	1
2. 學生能運用流暢的口語與文字敘述表達想法	5	4	3	2	1
3. 學生能專注於個人或團體的教學活動	5	4	3	2	1
4. 尚未實施或其他建議：					
（三）分組表現（□無分組：免勾選　　□有分組：請勾選下列項目）					
自主行動 —— 分組、角色認知	1.「分組」的動作迅速有秩序	5	4	3	2	1
	2. 角色分配明確且能運用	5	4	3	2	1
溝通互動 —— 聚焦討論、相互交流	1. 能夠掌握主題，明確題目方向	5	4	3	2	1
	2. 能夠交流討論，發表想法	5	4	3	2	1
社會參與 —— 勇於發表、相互尊重	1. 每人都能明確地表達自己的想法	5	4	3	2	1
	2. 成員能傾聽他人意見，並歸納採用	5	4	3	2	1
自主學習 —— 具思考力、運用資源	1. 針對題目，成員具有自主思考能力	5	4	3	2	1
	2. 採用、質疑、澄清、歸納不同意見	5	4	3	2	1

學生的活動表現	非常滿意	滿意	尚可	不滿意	非常不滿意
其他建議：					
（四）學生學習結果					
1. 學生學習目標是否達成	5	4	3	2	1
2. 學生的思考是否深化	5	4	3	2	1
3. 學生是否融入學習	5	4	3	2	1

三、學習行為紀錄：面向講臺左至右（如第一排第一位為1-1），針對1-2位學生狀況觀察簡述

排 - 位	學生學習行為描述

四、其他建議與心得反思

（一）對您教學上的助益	5	4	3	2	1
（二）心得與反思：					

共備與共好——從校內到跨校社群的運作

范耘芬　國立羅東高級商業職業學校

　　社群，是集合夥伴們腦力、能力、創意與善意的團體；共備與共好，一直是社群努力的目標。而敝校對教師發展社群採取鼓勵的態度，從計畫的撰寫、運作的範例到行政的支持，都是不遺餘力。

一、背景

（一）102年召開社群計畫撰寫說明會

　　102年2月，在撰寫優質化計畫時，由教務處邀請各科召集人與會，在會議中提供社群計畫範例——農學工作坊。農學工作坊是集合餐飲科、社會科及商國科教師的跨科社群，每學期舉辦至少兩次教師研習，學期中有跨科合作教學，學期末有餐飲科學生成果展，是本校運作成熟的社群。

　　此次說明會有非常重大的意義，各科由農學工作坊的檔案中發現，其實經營社群並不難，平時各科也在舉辦類似的研習及成果發表；況且，無中生有難，但有跡可循易，有電子檔在手，一切彷彿很容易上手。因此，為本校社群日後的開枝散葉種下了契機。

（二）103年社群計畫成效：初試啼聲

為此，國文科召集人為103優質化「典範社群創意教學計畫」規劃了新詩創意教學工作坊（校內社群）。經過一年的經營，教師在新詩教學與學生成果發表部分，都有成長。但在撰寫下一年度的計畫時，發現因社群的範圍已侷限在「新詩」當中，無論是研習講師的邀請，或是課程的交流，都引發範圍狹隘的檢討，因此希望有進一步的突破。

（三）104年因緣際會辦理宜蘭區跨校社群

104年，因應均質化，敝校承辦「多元評量及創意教學工作坊」，必須成立跨校社群；跨校社群如何經營是一大考驗，而當時因我擔任教務處行政工作，敝校圖書館主任、輔導室主任及教學組長亦是國文科教師，故由國文科試辦跨校社群，設立**國文創意教學工作坊（跨校社群）**。

考量高中與高職國文教學的差異，決定以高職國文科為社群成員，因此打電話邀約其他四校職校教務主任，請之推薦校內國文科教師；另打電話邀請我認識的他校夥伴，說明參與跨校社群的好處，並拍胸脯保證如有任何作業或發表，皆由敝校負責，因此，第一年的跨校社群成員就這麼募集到了。

因其餘四校國文科無共同不排課時間，爰以本校共同不排課時間為聚會時間，為跨校社群開啟序幕。

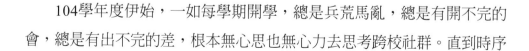

二、正式啟動跨校社群

104學年度伊始，一如每學期開學，總是兵荒馬亂，總是有開不完的會，總是有出不完的差，根本無心思也無心力去思考跨校社群。直到時序

來到10月中，真的不能再逃避了，因此發文邀請社群夥伴到敝校參與第一次的聚會。因為不知道要做什麼好，於是就定名為「期初討論會」。

（一）104-1期初討論會

在第一次的期初討論會中，由教學組陳瑩靜組長分享上課好用的幽默小影片，與夥伴們交流教學創意與內涵；另由我分享因〈劉克襄·臺灣最美的火車線〉課程而發想，帶領學生走讀至花蓮的經驗。本學期的共備教學便是走讀教案，請夥伴們放心。

話鋒一轉，聽聞頭城家商吳奇穆老師進行職校國文學思達教學有成，當場請教奇穆老師是否願意出來進行跨校公開觀課？

奇穆老師是我師大宜蘭同鄉校友會的學弟，邀請他入社群時，我還再三向他保證不用承擔交作業大任，如今當場請奇穆老師進行跨校公開觀課！奇穆老師傻笑三秒後，爽快地答應了。

於是，跨校社群第一學期的活動順利規劃完成。

（二）104-1移地頭城家商辦理公開觀課

104年12月，本社群含括五間職校的夥伴，事先閱讀過奇穆老師於公文中指定的學思達相關資料後，齊聚奇穆老師的國文課堂，觀看奇穆老師進行學思達教學。學生分組討論，每位學生手邊有奇穆老師事先發下的白話文講義——這自然是依據學生程度所做的修正——奇穆老師至各組參與討論，最後學生上臺回答提問時，大多能流暢回答，且態度大方、口條清晰，令在場的教師驚奇。

在課後的議課時間，奇穆老師率先分享經營職校學思達的心得，並將改善的部分條列說明；而與會的夥伴發問不斷，奇穆老師完全不藏私，一一解釋。議課時間長達一個半小時，內容豐富，彼此成長，是令人印象

深刻的時刻，當然，也是我非常欣慰的時刻。

老實說，這麼蓬勃討論、積極正向的畫面，是成立之初的夢想，但沒意料在第一學期就實現。奇穆老師，謝謝您！

（三）104-2敝校陳瑩靜老師辦理公開觀課 ——社群發展的重要轉捩點

由於奇穆老師公開觀課的成功，我們便規劃每學期都有一次跨校公開觀課，上學期由我徵詢各校夥伴的意願，下學期則由敝校國文科夥伴進行觀課。

105年6月，敝校瑩靜老師在教學組繁重工作之餘，承擔了跨校公開觀課的重任。當天瑩靜老師授課的課程是劉基的〈賣柑者言〉，著重在情意的引導與人生的探討，而這樣的課程，顯然不能滿足前來觀課的每位教師；後來的議課時間，有位教師非常不客氣地發言，內容大要是請出來上課的師長預備好自己的上課內容，否則很浪費大家的時間。其他老師則是趕緊以溫和的態度發表感想，緩和氣氛。瑩靜老師當時已教學滿二十年，剛從竹北高中借聘至敝校，她事後一直告訴我們她的內心很強大，不會介意。

然而經過三個月，當我們進行105學年度第一學期的教學研究會時，瑩靜老師很慎重地告訴我們，她以為她可以承受，但是其實好難受。因此，她建議要進行公開觀課的老師，除了觀課後的議課，在觀課前可以有半小時的討論時間，告訴大家班級特性、課程進行方式、希望大家觀看的部分，以免彼此的期望不同，產生落差。我們聽得好心疼，也凝聚起敝校國文科的革命情感，決心大家一起好好運作跨校社群，互相支持。

所以，此次的觀課是敝校社群發展的重要轉捩點，我們意識到社群是大家的責任，敝校全體國文科教師一起來傳承學習！

（四）104-2走讀郁永河〈北投硫穴記〉

郁永河所記的北投硫穴，即今日陽明山國家公園的硫磺谷地區。硫土雖然已經開採殆盡，然而「白氣縷縷」、「沸珠噴濺」的景象依舊可見，刺鼻的硫磺味也依然可聞，走一趟暑氣燠熱的硫磺谷，可以想見當年採硫之艱辛。而因著走讀臺灣最美火車線的經驗，我事先至硫磺谷場勘。於是，105年6月，我與國文科另外2位教師、地理老師、主任教官，帶著近30位學生實際走讀北投硫穴與新北投溫泉區。

原先預計由我進行導覽，沒想到龍鳳谷遊客中心的志工老師非常熱心，自願幫我們進行生態、地質及歷史文化的導覽。這意外得到的詳盡講授，讓我們好感動，也讓學生有文學以外的收穫。感謝國文科另2位教師參與，感謝導師與主任教官協同；國文科夥伴建議每年固定辦理，是一種肯定。而學生用心填寫學習單，畫下硫磺谷的路線，填寫一路看到的文物風景，如此用心，讓我興起可以安排學生走讀成果發表會的期望，也許第二年可以試辦。

事後檢討此次行程，包含忽略六月暑氣燠熱，未提醒學生帶衣物替換；應該讓學生體會郁永河暑氣蒸鬱的硫穴行，或是提前辦理？晚上士林夜市的行程，是學生一點生活中的小確幸，或是應該以學習為主？都是可以討論的部分。

而走讀嚴格規定學生的言行，包含準時是美德、口說好話不抱怨、配合行程搭配輕便服裝、維護校譽等，學生都能遵守。而且，學生平時在校散漫，但在外走讀都很靈光，尤其擔心落單會被大家遺棄，所以，集合是完全不費力的！

三、不斷精進的跨校社群

經過一年的經營，已定調每學期一次跨校公開觀課（社區學校合作辦理跨校教師教學演示）、一次走讀課程（走讀文學觀課共備），每次的跨校公開觀課都有不同的收穫，走讀更是開發出不同的課程，其餘合作學校也加入更多的夥伴！

（一）各學期跨校公開觀課

我在社群聚會及對外分享的時候，總是強調觀課的目的在以善意的眼睛觀看他人的教學，不是非要覺得自己教得很棒，才能出來讓別人觀課；相反地，一位教師夥伴願意開放教室，讓別人給予意見，讓自己更好，是多麼有勇氣啊！以下簡述105-106學年度觀課夥伴的情況。

1. 105-1范耘芬老師辦理公開觀課：帶領社群觀課，我自己也願意被觀課！我運用學校每間教室都有的短焦式互動投影機來教學，投影出學生課本，再使用光筆在白板上寫板書，同時可以教導學生有效率寫筆記的方法，而且，輕輕一點，整個白板又馬上回復整齊，完全不用擦黑板。這耗資不菲的機器令觀課教師稱羨，而學生的乖巧也是令人稱讚的部分。

2. 105-2張斐玲老師辦理公開觀課：斐玲老師是敝校相當資深的老師，在跨校社群成立之初，她和另一位現已退休的淑敏老師，分別私下來找我，告訴我如果沒有人願意，我可以找她們出來觀課。我是多麼感激國文科夥伴的支持！斐玲老師雖然年紀較長，但在資訊運用方面非常熟稔，在討論時間的分享，以及課堂上的靈活使用，亦令觀課夥伴嘖嘖稱美。

3. 106-1移地宜蘭高商辦理公開觀課：宜商王穎琦老師自願成為跨校公開觀課的授課教師，從觀課前的討論，我們訝異於穎琦老師因為手部病痛無法接觸粉筆，因此發展出以電腦打字代替板書，打字速度很驚人之

外，老師的毅力也是值得敬佩的！課堂上學生已習慣老師的上課方式，隨時跟上老師進度，回答問題亦踴躍，師生間的默契培養極佳。

4. 106-2陳珈慧老師辦理公開觀課：珈慧老師於107學年度即將借聘至他校，在這學期擔任國文科召集人及公開觀課授課教師，我們戲稱是榨乾她最後的剩餘價值，也是她離開敝校的最後演出。珈慧老師以實用技能學程的班級來公開觀課，且整個課堂師生互動自然，學生表達懇切，實是深厚互信基礎才能有的表現！

（二）各學期走讀活動

除了每學年下學期的北投走讀之外，上學期的走讀活動，因在教學研究會上一句「好想帶學生去看星星」，即發展出〈始得西山宴遊記〉與〈山是一座學校〉結合的武陵農場二天一夜走讀活動。

1. 走讀一座山

105年10月底，歷經路線規劃、實地場勘二次、營地預定、民生問題等各項挑戰，我們真的帶領敝校及宜商學生80名、老師10名，利用週末兩天，一起上武陵農場露營！因著遊覽車無法到達營地，學生背著行囊及睡袋，遵守秩序走了2.5公里到營地，期間彼此提醒注意來車；晚上躺在草地上看星星，聽著星座的故事，氛圍非常溫馨；第二天再攻上雪山登山口，非常精實地體驗登山之路。特別感謝在武陵農場有上百次露營經驗的斐玲老師負責規劃行程，以及國文科多位教師參與，感謝校長及教務處、學務處與主任教官協同，行政車的支援是一大後盾。而校長及與會夥伴建議每年固定辦理，更是一種受肯定的感動。

過程中曾經有過煎熬：由敝校出發到武陵農場的路途遙遠，公路經常在整修有安全考量，上山之路由上天決定；山上物資不豐而餐點預算有限

的困難，最後有飯店餐廳願意支援；學生正面遭以跑百米速度、氣拔山河之姿而來的獼猴搶奪吐司，又驚嚇又好笑的經驗難忘。第一年辦理，捨棄學習單，自在地走讀，每個人心中都是滿滿的感動。

106年11月底，時序是冬天，再次走讀一座山。此次配合新課綱彈性課程選修，將走讀時間改至上課日的週四及週五；晚上亦有觀星活動，運用均質化計畫的社群經費購置的導覽機效果極佳，講師輕輕說話，每個人聽得清清楚楚，又不用擔心影響其他旅客；而地點除了雪山登山口，更加碼至來回八公里的桃山瀑布，兩天行走里程從去年的10公里，來到16公里的挑戰！

我們期待107年的武陵走讀。

2. 走讀北投硫穴

考量溽暑溫高，決議將北投硫穴的走讀提早到4月辦理，因此106年4月，國文科4位教師、公民科老師、主任教官帶著學生進行第二次的北投走讀。因前一年的經驗，知道可以事先申請志工導覽；行程部分，則維持士林夜市行程；學習單加入新詩創作，並規定融入照片或影片，製作MV發表。原先的發表會只是想說可以試試看，沒想到學生的作品很不錯，頗令人驚喜。而因時間無法一同前往的頭城家商奇穆老師，依著我們提供的走讀課程設計，帶領他們校內的學生進行北投之旅，我覺得也很好。

107年4月，蘇澳海事的三位夥伴──鄭雅玲老師、呂奕樺老師及胡閔崴老師，帶著蘇海近10位學生，和敝校一起到北投走讀。一路上兩校的學生非常守規矩，事後的學習單及影片製作用心，是很美好的合作經驗。

雖然是第三次辦理北投走讀，但總有不同的驚喜。例如導覽機的使用，可以很快地傳達集合訊息及注意事項，導覽的志工老師也給予極高評價；例如在北投圖書館外，發現石頭上寫著北投名稱的來源，原來是煙霧

繚繞的北投，被稱爲是女巫的故鄉；例如圖書館外地面上刻著北投相關的詩文，包含北投硫穴記最後的詩句。這些不只是初次前往的學生驚奇，我們教師夥伴也是每回都沉醉於不同的人文風貌。

四、結語

社群的動力，來自教師。一開始是倉促成軍，是隨時檢討修正方向，是彼此的默契培養，而我們意識到經驗傳承的重要，大家動起來，一起來規劃，也排定每學期的觀課及辦理走讀人員。這友善的環境，熱誠的夥伴，我們是一群傻人，一同爲宜蘭縣職校學生努力。

是的，共備與共好，我們一直在學習。

跨域
行動

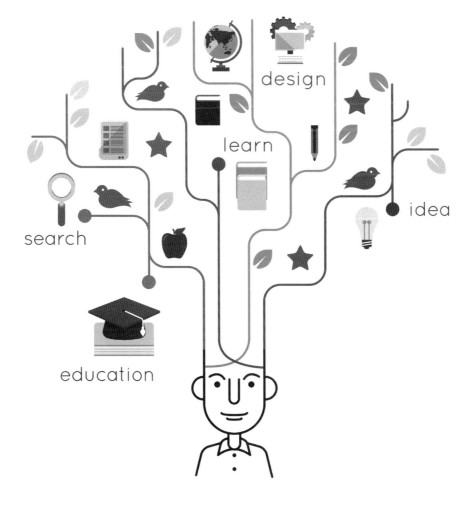

結合在地飲食與文史的國語文特色課程

張慧英　臺北市私立金甌女子高級中學

　　創校70年的北市金甌女中因堅持女校招生，終究難敵少子化的國安危機，存在了一甲子的永和分部決定關閉，租借予新北市莊敬高職使用。近年來在招生競爭激烈的情況下，以升學績優為號召的名校尚可吸引家境優渥與成績表現優異的國中畢業生，對比一般較無特色的私立高職加上學費的壓力，讓國中畢業生家長望之卻步。

　　當光榮不復昔日的招生滿額，如何在金甌展現與其他學校不同的學習內涵？其實學校只需經營出特色、教學更細緻多樣化，未來將不愁沒有學生，當然也就能永續。

　　國際化、科技化和在地化是金甌發展課程的願景。除新開設日、韓、法、德、西、泰、越、緬等八國第二外語課程，106學年更開設24門特色課程。由校內老師、業界及科大教師策略聯盟進行創意發想，培養學生多元及跨領域學習的能力。以106學年第一學期的多元特色課程為例，「樂活康青龍」這門課就結合在地的永康街、青田街及龍泉街等學校周邊社區景點，梁實秋、亮軒、殷海光等名人故居文史走讀；「故事挖掘師」則培養學生敘事、說故事的能力，再結合「設計思考」共三門課的學生，和知名文旅科技業者共同研發真人版的「康青龍大富翁」遊戲，引進AR/VR

金甌女子高級中學
106學年度第1期

多元選修課程
成果展

日期：107.1.5.
時間：13:10開始
地點：金甌女中8F大禮堂

金甌女中106學年度第一學期

多元選修特色課程成果展

聯展	時間：下午 1:10～5:00	
課程		地點
高一 樂活養青齡		
高二 樂活養青齡(故事挖掘術)		大禮堂
高一、二 設計思考		

高一	時間：下午 1:10～3:00	
課程		教室
日式茶道物語		B105
日本修鍊趣		B206
英語配音記考		B106
數位展場行銷達人養		702
ARVR 玩轉教室		708
Youtuber 異網紅直播大作戰		405
飲料調器與吧台創業實作		B104
咿當郎迺 — 醫學與健康		408

高二	時間：下午 3:10～5:00	
課程		教室
日式茶道物語		B105
日本修鍊趣		B206
英語配音記考		B106
金甌愛玩客		503
尋味創藝邁旅行		211
數位展場行銷達人養		506
商用程式網站 APP		706
Youtuber 異網紅直播大作戰		301
飲料調器與吧台創業實作		B104
綠饌好滋味中學		701
智慧購人生		206
咿當郎迺 — 醫學與健康		501

『康青龍大富翁』
遊戲規則

■ 基本規則
　1. 分組進行，約五人一組，每次五組玩，並進行角色分配。
　2. 每一組皆有10000元，使用匯帶信用卡，運用白板進行金額塗改。
　3. 遊戲課限時費，一場約30-50分鐘，以主持人為主。

■ 遊戲進行規則
　每一隊輪流擲骰子，造著數字往前進，買到的景點就貼上姓名貼。遇到白色的格子，能挑戰銀行，贏的給予獎勵，輸的收過路費。
　1. 破門買土地：買之前必須了解地方，因此一律需要回答破門題，答對了才能購買。
　2. 過路決門：踩到別人景點上就要來決門，PK任務，輸了需要付過路費，贏了不但可以免費，還可以另外挑戰破門題，答對可以用半價購買別人的土地。

■ 結算勝負
　1. 結算方式：擁有的景點價值＋手上的錢，最多者為勝。
　2. 加分方式：各組在結束時間後，擁有3分鐘可以思考，手上所購買的景點，是否可以賣出...

影音科技，並融入當地美食、日式老屋、大安森林公園等關卡，讓學生邊跑關玩遊戲，邊學歷史故事。

　　108課綱強調的核心素養是以學習者為主的情境式學習。希望學生在校內學到的內容能產生學習遷移，進而產生創新思考。基於這樣的理念，吾人在106年擔任國文科召集人時即與本校史地、電腦老師等研究在地跨科的情境設計之可能。當時的發想最後呈現於105-106「高中職行動學習推動計畫」方案中。因為金甌除普通科升大學外，更有商經、國際觀光、應英、應日與多媒體設計共五大技職專業群科，當然技中可以比普中有更多元的情境設計變化能力。於是決定以捷運東門商圈附近之永康街、青田街、龍泉街為範圍（簡稱康青龍）計畫，來引導學生認識金甌周邊的在地文化。透過梁實秋先生的《雅舍小品》及亮軒老師《青田街七巷六號》談封藏80年故事的馬廷英故居，來讓學生更進一步的體驗文人生活。粗胚在行動學習發表後，下學期的課程設計必然要更多元且深化，不能墨守成規，所以社群老師們在青田七六餐廳的熱烈討論後，又繼續延伸〈我手寫我心〉閱讀學習單的設計，引導學生大量閱讀，並將每週五早自習定為全校師生晨間閱讀的時段，期末時，再擇一個週五的晨讀時間，登上司令臺面對全校師生，發表自己一學期以來的閱讀成果。而本學期國文選修在所有授課老師的共同努力下，決定以「飲食男女」成為106第二學期的選修課程主題。教學進度計畫大致分三學段進行：第一次期中考前五週先講述尋找記憶中的好味道，永康街的庶民美食——滷肉飯。藉美食來書寫味道，培養飲食與文史的素養，主要學習的關鍵是實作氣味描寫技法與河道式寫作，文本採用吳玫香〈記憶中的氣味〉、劉克襄〈我想吃便宜的滷肉飯〉。第二週教授劉克襄〈45元的爛肉飯世界〉及蔣勳的作品〈恆久的滋味〉，引領學生學習把握個人特殊體驗，鋪敘情理交融的文章，培養出誠敬的生命態度。第三週體驗在地人文風情，讓學生認識庶民美食，親身體

驗。將學生們分四隊帶到觀光客喜愛的不同店家（金峰、鬍鬚張、東門肉羹和東門城滷肉飯等四處）實地探勘品嘗美味，返校後在家政教室讓學生們實作滷肉飯，從食物中嘗到喜與愁。第四週進行仿林文月《飲膳札記》書寫滷肉飯的食譜。第五週教學生應用Google Classroom的簡報技巧，將前四週感性與理性所學的知識經驗及照片等整理並記錄下來，最後上臺分享。

第二學段安排於第二次期中考試前五週，教學主題為：細數味道的喜與愁。第一週韓良露《良露家之味·人生七味粉》、林文月《飲膳札記·炒米粉》。讓學生從兩人的文本學著分享印象中食物的喜與愁。第二週介紹吉本芭娜娜（當下日本最著名的暢銷女作家，被譽為日本現代文學天后）《食記百味》這本〈只講吃飯的事情100篇多一點〉的散文雜記，記錄芭娜娜日常燒菜做飯的點點滴滴，連臺灣的特色小吃在芭娜娜心中都占有一席之地。第三週主題為我與主廚的約會——從影片主角落魄大廚的故事（《五星主廚快餐車》是一部於2014年上映的美國喜劇劇情電影。法夫洛飾演一名洛杉磯的主廚，在與美食評論家發生公開的衝突後，從洛杉磯一家人氣很旺的餐廳辭職，返回老家邁阿密裝修餐車。他與前妻重新聯繫，邀請兒子一同開著餐車回到洛杉磯，並於沿途的各個城市販賣古巴三明治），希望讓學生了解其實「料理是要帶給人們幸福的」。第四週吳寶春《柔軟成就不凡·充滿愛的麵包》，希望學生能從文章中得到靈感，創造美好新記憶。第五週安排學生認識佳節美食——南北粽相關詩歌，及古詩詞中關於端午節的介紹。

第三學段的計畫則安排於期末考前五週：第一週我的青春笑忘歌——部落客食記文，文本導讀徐國能的《第九味》，並佐以文人眼中的永康街影片介紹。希望能從中理解飲食文學的寫作方式，從而培養日常生活中擷取寫作材料的能力。第二週講授舒國治的《台北小吃札記》，從飲食品味

城市生命的律動，走進永康街，聽永康街說故事。

　　第三週進行我的冠軍牛肉麵和芒果皇帝——韓良露《台灣地圖》、臺灣作家陳又凌——手繪地圖《大城中旅人手帖》。認識臺灣作家韓良露及師大南村落。身爲臺北城中的一份子，應了解每日上學的周遭環境。藉著永康街踩踏活動，延伸人文的關懷及省思。每組同學搜尋永康街的各項人文特色，如食品或物品，表現在學習單上，亦可利用拍照、錄影、訪問、網路搜尋等方式呈現於手繪圖或成果PPT、微電影上。第四週接續上星期統整踏查資料，完成食物索引圖，形成永康街印象。而後分組呈現學習單及手繪地圖之成果，並進行口頭發表，同時由各組同學給予評分。

臺北市私立金甌女中課程先鋒學校試辦計畫

106學年度第二學期高一多元選修課程

國文科　飲食男女

金甌女中國文科教師共同製作

飲食男女——尋找記憶中的好味道——學習單

校名：　　　　　班級：　　　　　學號：　　　　　姓名：

一、CNN調查外國人來臺必吃的十大臺灣美食，你認同嗎？試說明。還有遺珠可以介紹嗎？
2017年CNN調查外國人來臺必吃十大臺灣美食
1. 滷肉飯（Braised pork rice）
2. 牛肉麵（Beef noodles）
3. 蚵仔煎（Oyster omelet）
4. 珍珠奶茶（Bubble tea）
5. 虱目魚（Milkfish）
6. 擔仔麵（Slack Season danzai noodles）
7. 生煎包（Pan-fried buns）
8. 割包（Gua bao）
9. 鐵蛋（Iron egg）
10. 鳳梨酥（Pineapple cake）

二、上述十大臺灣美食中，若以食物自比，介紹自己，你最認同的美食是哪一項？並說明原因。

三、物美價廉的滷肉飯和義大利肉醬麵的比較，請就食材和價位作客觀的評比並提出自己的主觀意見。

飲食男女──尋找記憶中的好味道──學習單

校名：　　　　　　班級：　　　　　　學號：　　　　　　姓名：

一、所謂「滋味」，除了酸、甜、苦、辣、鹹的味道，如「這碗魚湯的滋味真是鮮美極了！」也可以比喻感覺，如「少年不識愁滋味」。它既是懷念的食物的好滋味，也可以是記憶中難忘的悲、歡、離、合等等滋味。在你的記憶中，最值得懷念的「恆久的滋味」是什麼？請具體舉例，加以描述、繪製說明。

二、文字～以150字的書信體短文

三、繪圖～

飲食男女──尋找記憶中的好味道──學習單

校名：　　　　　　班級：　　　　　　學號：　　　　　　姓名：

一、請以四句話形容滷肉飯的滋味。

二、有人用日記寫生活，有人以照片記錄日常點滴，而林文月教授《飲膳札記》則是以食譜串聯生活記憶。請同學也試著將今天製作滷肉飯的過程寫成食譜。

飲食男女──細數味道的喜與愁──學習單

校名：　　　　　　班級：　　　　　　學號：　　　　　　姓名：

一、在文本中何處讓你最有感覺？請道出心中的感受。

二、除了韓良露、林文月之外，請試著列舉有相同作意的中外作家及其作品簡述。

三、在你的人生經驗中，請試著用味道來道出人生的滋味。

飲食男女──懷念的滋味──學習單

校名：　　　　　　班級：　　　　　　學號：　　　　　　姓名：

一、醃黃瓜在吉本芭娜娜簡單幾筆就描寫成清爽好口感，並帶出了和兒子的互動。試找出一種食物仿寫這種模式。

二、對於書中第50篇中所寫下的「人不會只因味道、價格、場地豪華而心動，而是因為別人灌注其中的愛而心動。」所以，你會對朋友用心烘焙製作的糕點感動不已；對一家樸實、但卻會對顧客貼心問候的餐飲店再三光顧；對小時候媽媽做的家常菜念念不忘，因為隱藏在食物背後的那份愛及溫暖，才會讓人永遠記得。請回憶你認為最難忘的滋味是何？為什麼？

飲食男女──我與主廚的約會──學習單

校名：　　　　　班級：　　　　　學號：　　　　　姓名：

一、卡通《中華一番》裡，阿飛對感到迷惘的小當家說：「當你迷失方向時，就回到原點尋找初衷。」電影中，當男主角失去了一切時，他的同事也告訴他，不妨當這是一個機會，重新來過，重新審視自己的人生與夢想。

試分享自己曾經追夢時的迷惘？又如何地振作？

二、整體而言，《五星主廚快餐車》是一部透過美食反映了人生二次機會的喜劇小品。雖然沒有強法夫洛過去幾部電影作品，充滿了特效以及娛樂性十足的商業鉅作，但觀眾絕對能在《五星主廚快餐車》中受到不少人生觀的啟發。

請分享在故事劇情、影像美學、電影配樂、視覺特效等方面，哪一部分最吸引自己？

三、主廚卡爾對美食評論家說：「你就是坐在這裡吃，然後吐槽，你根本不知道我做這份料理付出了多少。」他對兒子說：「我的表現或許沒有樣樣好，可是料理是我的強項，透過料理參與別人的生命，我覺得很棒，我也希望和你分享。」、「烤焦的三明治也不能拿出來招待，因為那是他身為廚師的尊嚴和價值。」回味主廚卡爾的生命故事，讓你聯想到什麼？

飲食男女──創造美好的新記憶──學習單

校名：　　　　　班級：　　　　　學號：　　　　　姓名：

一、從「臺灣之光」吳寶春等人（陳樹菊、吳季剛、曾雅妮等）的身上，這些激勵人心的故事或榜樣，給你的啟發為何？

二、看了影片和書，你認為為什麼吳寶春會從沒沒無名的小人物成為享譽世界的麵包師傅呢？他具有哪些特質能夠讓他成功？

飲食男女──花前樹下頌粽吟詩──學習單

校名：　　　　　班級：　　　　　學號：　　　　　姓名：

一、請描述記憶中家裡包粽子的場景或者是最難忘的粽子味道。

二、若為了不讓端午習俗沒落而必須包一種粽子，你會選擇哪一種？為什麼？

飲食男女──我的青春笑忘歌──學習單

校名：　　　　　班級：　　　　　學號：　　　　　姓名：

文本導讀：《第九味》選文第一輯　昨日之歌　石榴街巷　作者：徐國能

一、你心目中最推薦的永康街餐廳？請說明理由並簡單介紹

二、請摘錄徐國能先生文本中令你印象深刻的段落或佳句，並說明原因？

三、請列舉至少三部飲食文學作品及電影？

飲食男女──我的美麗與哀愁──學習單

校名： 班級： 學號： 姓名：

一、說說你在永康街吃過的美味或傳聞中的美味？
二、你覺得是什麼原因促使永康街迅速變化？
三、你認為什麼樣的美食能歷久不衰？

結　語

　　熱鬧多元成果的展現最終總有落幕的時刻，其實看著學生們開心在課堂間熱烈的討論，整體的教學氣氛也變得更有樂趣。萬變不離其宗，其實學生才是真正學習的主體，十二年國教的核心素養就是希望學生能自主行動、樂於溝通與人互動，最後能將所學參與社會，那也就不枉老師們絞盡腦汁的設計多元特色選修課程。

國語文在專業科目的結合與應用

趙芳玉　新北市私立南強高級工商職業學校

一、前言

　　國語文學習在過去的高職容易被忽略，或是當作副科學習，甚至是工具學科，因此在國文教師高喊「國文很重要的」口號下，讓學生、家長，甚至是同校的專業科目老師也認同，國文必須要走出古文、翻譯及老骨董的窠臼。

（一）12年國教技高核心素養展現

　　12年國教技術型高中核心素養主要是希望透過一般科目的培養，體現在科專業能力上，形成學生帶著走的能力。國文原本內化的道德行為養成，非短期且不易在外顯行為展現，便容易被忽略，造成國文是沒有用處的學科刻板印象，因此國文除了在精神內化上，在外顯技能的授課上，教師教學勢必亦需跟著轉變。

（二）國語文在專業科目上的應用

　　在12年國教實施前，在高職授課的我本就不斷琢磨著，如何才能提升

國文教學成效？如何引起學生學習動機？如何讓學生對國文學習有感？在這些問題不斷思辨與實驗中，得出要學生有感，就必須要有產出的結論，創作的過程與作品會成為學生學習的養分，但大家所熟知的作文大多數學生寫不好也寫不來，因此就必須讓學生將國文應用在他們做得來，並且有興趣的事物上，故將國文與專業科目結合的想法應然而生。

（三）課程結合的創意發想

由於跨科整合課程尚未成熟，在有限的時間與空間壓縮下，只能設計出單方面的課程，因此利用國語文習得的篇章，以專業技能的成果方式產出，既能達到國文課程總結性評量，亦不會造成學生過多的壓力。因此便在學生專業科目上琢磨，了解學生目前的作為，想方設法找出與國語文的關聯性，做出適當的課程設計。

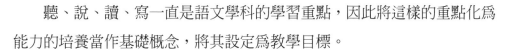

二、「聽、說、讀、寫」為基底的調合

聽、說、讀、寫一直是語文學科的學習重點，因此將這樣的重點化為能力的培養當作基礎概念，將其設定為教學目標。

（一）聆聽及詮釋訊息的觀點，啟發解決問題的思辨能力。

（二）藉由口語表達與文字敘述，建立有效的人際溝通能力。

（三）閱讀各類文本，認識文體的表述方式，增進語文的解析能力。

（四）能發揮思考與創造，掌握流暢、精準的文字寫作能力。

（五）欣賞多元族群與古今文化的特質，培養包容與關懷的能力。

國語文在技術型高中的課程是多數科目學習的基底，從清楚的「聽」接收到正確的資訊；有條不紊的「說」是一種行銷的概念；「讀」是順利獲取文字所表達的意義；「寫」是用正式的語言來說，而這四項技能是現

代人不可或缺的重要能力。

三、〈荷塘月色〉與汽車科的「鐵樹銀花」

（一）課程設計

在高三的畢業季，來到了朱自清名篇〈荷塘月色〉，在國中朱自清的「橘子」讓學生印象深刻，因此再次閱讀到熟悉的作者，學生的接受度頗高。但，「荷塘月色」如此高意境的視覺饗宴，要剛硬的汽車科同學能感同身受，實有難度，因此設定希望藉由畢業季的愉悅心情，帶著孩子來一趟荷花饗宴。

第一次看到學生能利用鐵鎚，將板金鐵片利用巧勁將其彎曲為各式形狀，加上金屬藝術主題的結合，大膽將一般金屬創作的材料改為較厚的板金，希望學生能利用打型板金的技巧，創造出不同風味的金屬藝術創作。

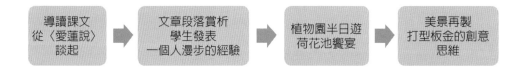

導讀課文
從〈愛蓮說〉
談起
→
文章段落賞析
學生發表
一個人漫步的經驗
→
植物園半日遊
荷花池饗宴
→
美景再製
打型板金的創意
思維

（二）成果展出

▲鐵樹銀花成果

▲鐵樹銀花局部

（三）小結

　　這次的教學成果，本想請學生利用打型板金的技巧完成一朵優美的荷花，但事與願違，學生表示只能打成「一棵不會開花的樹」，雖然未能打出高層次的荷花，但學生能利用打鐵與焊接的技巧，打出葉片的紋路與形狀及樹枝狀的曲線，成果著實令人感動。

四、〈漁父〉與四格漫畫

（一）課程設計

　　屈原的愛國與士不遇的強烈之感，在〈漁父〉中三閭大夫的形象與漁父的對話中有鮮明的展現，篇章中有非常明顯的段落主旨：「放逐」、「見面」、「對話」、「遂去」，四個區段各有生動的畫面，有圖像再加

上文字，這便是爲大家所熟知的「四格漫畫」，這樣的課程設計在動畫科是再適合不過了。

（二）成果展出

▲作品①

▲作品②

▲作品③

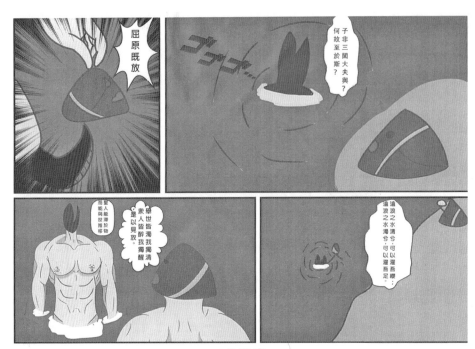

▲作品④

▲作品⑤

（三）小結

　　從學生作品中可見其授課內涵及文意掌握，在圖中亦不乏學生特殊性與獨立思考創作的發揮。有將三閭大夫的頭畫成一顆粽子，因為屈原的故事他只想到端午節；有將漁父畫作美人魚，只因他希望投江的屈原能像王子被救起。這樣的思維雖然不在課程設計的範疇中，但創意與現實與人文關懷的展現，更能體現出國語文在人格塑造上有不可動搖的地位。

五、〈桃花源記〉改寫劇本

（一）課程設計

　　本校擁有非常完整的藝術群科，包含幕前的表演藝術科和幕後的戲劇科、電影電視科及多媒體動畫科，本學期教到其中三科，因此便希望國文課程可以結合其專業融合出成果。將〈桃花源記〉透過戲劇方式演繹出及改寫〈桃花源記〉的結局是大家熟知的課程設計，因此要設計出不同的教學成果又不造成學生額外負擔，在〈暗戀桃花源〉舞臺劇的發想之下，大膽創舉要求學生將〈桃花源記〉改編為劇本形式。而老師首要工作便是了解劇本創作形式與規範，藉由〈桃花源記〉三段場景的轉換，給予學生基本規範，從現實世界到理想世界，最後給予桃花源一個你想要的結局。

（二）成果與小結

　　這次共回收了58份〈桃花源記〉的改編劇本，這次的課程設計難在批閱，主因是劇本寫作形式與小說不同，在不熟悉的創作類型上批改是本次的困境，在多次與編劇學老師請益後，互相討論其優缺點才順利完成。

學生的無限創意與天馬行空的能力在這次的課堂成果發揮得淋漓盡致，58種的桃花源，有外太空、大草原、未來世界、飛機商務艙、百慕達三角洲等場景，但世外桃源的悠然自在、了無心機、和樂自足，劇本中皆有萬般皆是夢的悵然，學生透過作品的發揮，重新自我檢視與外在事物的連結，是很好的品德教育的作品。

六、結論

技術型高中學生在國語文的學習需要有生動的語言，以及不斷搭設的鷹架，藉由鷹架不斷地搭建與師生對話達到有效的教學設計，學生想學，才能達到有效的教學，否則再好的設計與授課也只是不切實際的理想，如何達到師生良好溝通，進而達成有效教學的目標，是重要課題。

新課綱在多元選修和跨領域整合課程給予很大的空間，因此在面對非傳統授課方式的國語文課程是一大挑戰，如何設計出學生為主體的學習課程，又不失國語文本位的課程理念，考驗著許多國文老師，期待在新課綱的帶領下，能翻出不一樣的國語文教學。

說寫引擎

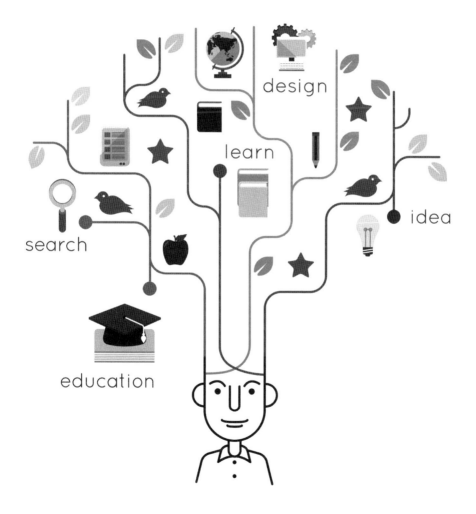

漫步「雲」端，與「你」共遊——「心情素描本」混搭「TED分享會」

石學翰　國立虎尾高級農工職業學校

來到雲林虎尾農工四年，特別感受學校頗有桃花源「良田、美池、桑竹之屬」的韻味，同事與學生們醇厚仁愛，有位可愛的孩子問我爲何要來虎農教書？回想高中階段，竟是一片淡然，幸好閱讀到了臺中文華高中林美麗老師、潘如玲老師、謝鳳玲老師的《心情素描本》，發覺青春是圖文的多彩拼貼，加上員林農工黎俊成老師分享了班會課實施分享會，突發奇想想把兩個活動結合在一起訓練學生書寫能力，選擇於學生班會時間，作爲口語表達的發表園地。

一、教學預定目標

1. 透過班會時間，結合國文課文本的延伸主題來進行書寫與口語發表，分享青春，把用心生活的青春紀錄，變成自己生命中的珍貴資產，與積累高職學習檔案，留下美好的回憶之餘，亦可作爲未來就業與升學的備審資料。

2. 訓練學生，將生活心得與感想，整理成有條理、有系統的話語，變成一場小小的演講與分享會，追尋、回顧與肯定自我，期許由此引發良善班風。

3. 訓練學生就各課相關主題發揮，並於個人的「心情素描本」進行書寫，作爲高職生涯個人作品集的底稿，更期許未來能製作簡單的講義或PPT，成爲重要的個人資歷紀錄。

二、教學流程

1. 搭配參考《心情素描本》的書寫樣式，作爲「班級TED分享會」的分享底本，再由同學分組推派組內代表上臺短講。

2. 設計與國文課程相關的延伸主題，以學思達的方式設計問題，嘗試引導學生進行詩歌、圖文創作、短文或長文書寫，作爲上臺發表的基礎，底下舉隅一、二：

(1) 詩經蒹葭——初戀的經驗談；季節花語

　◎ 課前學思達：請閱讀節選自《來自遠古的情感密碼——詩經的第一堂課》的文章。

　　① 請問愛情是什麼？自己的初戀在何時？想到初戀會有什麼樣的感覺與情緒？請用一句話來說明自己對愛情的看法：（愛情是……）。

　　② 請閱讀（附錄一：林晉士〈一段可望而不可及的迷濛戀情【秦風・蒹葭】〉一文）並選出最令自己印象深刻的文句。

(2) 晚遊六橋待月記——遊記（夜遊）的經驗

(3) 赤壁賦——課後的生活與休閒活動；泛舟的經驗

◎ 書寫引導：陶淵明藉由一條溪流，讓武陵漁人發覺桃花源，美好的世界竟隱身其中；歐陽脩在滁州有一座聽泉的醉翁亭，樂在其中，而能與眾同樂；袁宏道在遊西湖中註解了他與眾不同的性靈生活，透過虛實相映的月景，營造出文學意境之美；白居易在江邊送客，水上琵琶女的琴聲引來「同是天涯淪落人」的身世之悲；范仲淹的岳陽樓記，以為仁人志士的情緒胸襟不受湖上雨晴風光的變化而悲喜……，溪水、泉水、湖水、江水究竟在文人筆下還可以發展出怎樣的浪漫情懷或悠遠哲思？就讓古代文人帶領我們一遊歷史的美景，並請同學以課文標題後述主題，擇一書寫，完成一篇短文。

(4) 諫太宗十思疏——說服的策略與經驗；如何面對機車的老闆

◎ 課後學思達：在現在的生活中或未來的職場上遇到「機車」的上司該如何自處？要如何運用〈燭之武退秦師〉、〈出師表〉、〈諫太宗十思疏〉等文章中的方法來提升自我，而使自己與上司雙贏？

(5) 曲選——四季聯想的詩文創作

由曲選課內外作品啟發，進行詩文創作，詩約10行左右，文長約150-200字。

(6) 勞山道士——

＊奇幻文學與個人經驗分享

◎ 課前學思達：

① 請分享自己曾看過的志怪類書籍、動漫、電影，或甚是經歷過奇特怪誕，難以就科學說明的經驗？或說明觀看一場特別的魔術秀、馬戲團表演，與令自己難忘的各項演出？

② 承前題請寫下閱讀觀賞的心得與看法，或簡要記錄當下的

故事？

　＊自我的認同與要求（高三自傳底稿）

　◎ 課後學思達：

　　① 你當初選擇虎尾農工就讀的理由是什麼？設立了什麼目標？（就業或升學，或者其他）在朝向目標前進時，自己最需要克服的困難是什麼？你計劃如何克服呢？

　　② 你覺得目前的自己是否已經適應了虎尾農工？如果適應了，目前正如何朝目標邁進呢？如果沒有，理由是什麼？如何調整呢？

　(7) 臺灣通史序——歷史的重要；印象深刻的臺灣俗諺歇後語

　　3. TED上臺分享模式，短講時間長度各組給予十分到十二分鐘左右，而於此調整為可團講或一人主講。時間長短可視學生狀況進行調整，並且要求學生將心情素描本內容或課程主題條理化、組織化分享。

　　4. 實施時間設定於每週三下午第五節班會分享，經由各組推派的同學發表後，最後老師再依同學上臺次序，給予表現優缺的評語。

　　5. 訓練學生互評能力：依臺風、聲情與內容三方面給分，運用舉手票選方式，每人一票，選出最佳TED分享組別，並於期末班會頒獎。

　　6. 輔助教具：無線麥克風。有利於學生的互動。

　　7. 分組進行，分週次主題分享。整理表格如下——

次序	組別	人員（號碼）	日期／課程	上臺報告題目
1	第三組	03.08.12.17.26.27.	（3/01）詩經蒹葭	我對愛情的看法（3號吳○雯、26號吳○成）
2	第四組	05.10.11.13.16.19.	（4/21）晚遊六橋待月記	寒假行旅（16號楊○梵）
				外公的奇幻之旅（05號李○羽）

次序	組別	人員（號碼）	日期／課程	上臺報告題目
3	第二組	04.14.25.31.36.	（4/28）赤壁賦	週六日的顧店經驗（25號吳○鴻）
				府城微旅行（36號蘇○仁）
4	第六組	09.15.20.24.32.35.	（5/05）諫太宗十思疏	如何面對機車的上司（20號鄭○琪）
5	第一組	01.06.21.28.33.	（5/26）勞山道士	做喜歡的自己（28號林○欽）
6	第五組	02.07.18.22.23.29.	（6/16）臺灣通史序	對歷史的看法（18號葉○湲）

　　第一次上臺為第三組由兩人輪流說明，男同學26號吳○成分享比較短暫，女同學3號吳○雯分享初戀經驗談則侃侃而談，依上臺表現而言，男同學比女同學更害羞，但若對照其「心情素描本」中所書寫的文字——

　　愛情如同酒，總讓人醉茫於其，初戀的滋味，是被打了一針麻藥，全身都麻了，唯獨心似有規律的蹦跳，如同人生道路鋪成的五線譜，即使只是段插曲，也擁有最美的節奏，最完美的旋律、音符，沒有收尾，卻讓人韻味無窮。

仍可發現能按照主題發揮，因此給予鼓勵，並給之後將上臺的同學做一引導。

　　◎給予評語：班上女同學則切入主題分享自己的看法，男同學雖稍有離題，但臺風尚為穩健，兩位的共同優點是能掌握氛圍，大方開朗，並能積極地與其他同學進行互動。算是一次好的開始與示範。另外第四組11號許○茹在此次主題書寫，成果良善，於此給予嘉許。

　　第二次上臺為第四組05號李○羽與16號楊○梵兩位女同學，分別說明

親人與自己的旅行經驗，兩人板書書寫分享題目，字跡工整，說明時都能口齒清晰，毫無羞澀。其中05號李○羽分享外公落海引發家人返家找尋，幸好只是虛驚一場，既驚悚又令人哭笑不得的結局，真是十分特別的經驗，是發展為一篇好散文的題材。

◎給予評語：16號楊○梵同學上臺臺風開朗陽光，口條佳，內容可再找尋與親人發生的小事件，加以凸顯說明；05號李○羽則因為所選題材，而受同學青睞，若不笑場，可以使分享的流程更流暢，當然相信「笑果」會更好！

第三次上臺為第二組25號吳○鴻分享週六日協助父親到市場看顧鞋店的服務經驗，踏實與誠懇，並與所學商業概論中的服務課程有關聯性；36號蘇○仁則以臺南府城微旅行，談自己的一日背包客行旅，觀察與體驗臺南生活、商業、交通、文創與在地小吃的樣貌。

◎給予評語：兩位同學表現自然，整體分享的氛圍掌握得宜，說明的內容亦十分切合書寫主題，是目前三組中表現最好的一組。

第四次上臺為第六組20號鄭○琪選擇「如何面對機車的上司」作為主題，依設計問題回答，有條有理，思緒清晰，除了正向思考，更重要的是能結合課程的內容加以發揮，分點立論，相信未來也是一位優秀的企管人才。

◎給予評語：內容充實，臺風穩健，表現良善。

第五次上臺為第一組28號林○欽結合〈勞山道士〉一課，以「做喜歡的自己」為主題，敞開心胸談論自己原本不喜歡自己，到處迎合他人，做自己不喜歡的自己，而後因為參加合唱團，與積極參與學思達，使得自己

信心大增，而希望未來能朝向「喜歡的自己」邁進。最後分析對於古文閱讀的心得收尾。

◎給予評語：勇敢發言，表達清晰，準備的內容富有情感，亦十分動人。

第六次上臺為第五組18號葉○薐說明了對於「歷史的看法」，結合生活經驗，並依題回應。

◎給予評語：列點說明，咬字清晰，音量適中，內容亦切中核心。

補充說明，在曲選主題雖未入選為上臺主題，然而19號鄭○婷〈長生鳥〉短詩寫得深刻動人，亦列入附錄節選。

三、教學省思

1. 氛圍的經營要如何達成正向思考的「班級TED分享會」的狀況？師生之間的熟稔、學生之間的信賴與默契的培養，該如何著手進行與調整？

2. 如何讓學生進行活動時，分享不失焦？應如何引導學生聚焦與回扣主題，能進行一場產生共鳴的短講與分享？

3. 該如何結合各科專業來分享更好？比如：任教商經科，國文課文或文學作品中是否能開發新商品，或可以做為文案的基礎或借鏡？更甚給予商業經營理念的啟發與引導？

四、FB教學相本──商經二班級TED分享會實況與致謝

1. 照片網址：https://www.facebook.com/airflycat/media_set?set=a.9595
87117509086.1073741840.100003734212124&type=3&pnref=story。

2. 感謝新竹高商胡碧珊老師給予指教、苗栗高商林鐘勇老師二位前輩提醒與指教！宜蘭高中吳勇宏老師無私設計講義，並給與指引、鼓勵。

五、附錄：「心情素描本」學生佳作

主題一、初戀的經驗談：季節花語　11號許○茹

〈對愛情的看法〉

愛情就像是顆整人糖。吵架、吃醋、爭執是特別的酸，熱戀、和好時就特別的甜，談感情難免會因為些小事而吵架，因為還在磨合，就像顆整人糖一吃下去時是酸的，漸漸有了共識，變得互補、變得依賴就會是甜的，整人糖也是一樣的道理，含久了最後會是甜的。

〈春季，玫瑰花語〉

今天的妳猶如紅玫瑰一樣的熱情，

與妳相處時如黃玫瑰一樣的愉快，帶給我喜悅，

也就像粉玫瑰一樣總是那麼可愛，

讓我想送你一朵紫玫瑰，

代表，

我對妳的一見鍾情。

主題四、如何面對機車的老闆與結合學習過的課文
20號鄭○琪

1. 方法策略——

(1) 要更努力、表現出自己最好的一面。

(2) 不要批評上司的作為，做好自己的本分、工作。

(3) 雖然上司很機車，但也可以藉由上司的雕琢，反而讓自己學習更多，進而成長。

2. 課文連結——

(1) 燭之武獨斷的判斷能力，能把對方國家與敵對國家之間的利害關係向秦穆公說明，並且說明：攻打我們的國家對您也沒有好處，可是如果您不打我們國家，只要您往來東方，經過我們可以負責招待，這就是誘之以利，我們可以學習燭之武的精闢分析，不管要跟誰對談，都可以讓人覺得很有道理，也認同你的說法。

(2) 諸葛亮對於後主劉禪的勸勉，要廣開言路、秉公執法、親賢遠佞三事，我覺得不管是用在未來的職場還是自己創業，這些事都很重要，這也代表一個好的經理背後也是有位盡責的主管督促他，應該怎麼做會更好。

(3) 魏徵正直敢言，我很欣賞他的作為，因為敢說真話，不怕得罪人，這種人才是能輔佐君王的人。魏徵又以十個論點勸諫唐太宗，我覺得對我自己未來在職場上很重要的有知止知足、謙和大度、納賢黜惡，因為我覺得以後在職場工作要懂得自律、知足、謙虛而有風度、多任用賢能的人才、斥退小人。

主題五、曲選——四季聯想的詩文創作〈長生鳥〉
19號鄭○婷

長生鳥降落填滿了整條大道

天空帶著濃濃祝福

輕輕的微笑著

靜靜望著那人來人往的人群

找尋那茫茫未來

頓時

天空滴下幾滴眼淚

似乎在哭訴著什麼

突來一陣風

驚動了長生鳥

一場壯觀的紅色風暴

衝擊著心魂

天之淚匯成小河

盛載著長生鳥遠去

這一切彷彿一場未竟的夢

　　長生鳥是鳳凰的別稱，將鳳凰花比喻成鳳凰，鳳凰花的花瓣掉落在大道上填滿了整條大道，天空象徵未來的遼闊，祝福畢業生一切順利，並且在未來找到自己的目標，眼淚是指雨滴，畢業時正適梅雨季節，颳起的風使正在墜落的鳳凰花瓣隨風而舞，也帶起了地面的花瓣，形成了紅色風暴，這個壯觀的景象，使大家看得目不轉睛，畢業的感傷使大家落淚匯成小河，盛載著長生鳥遠去代表雨也停了，而這一切就像一場夢很不真實。

主題七、臺灣通史序──歷史的看法　18號葉○淩

1. 對自己而言，歷史是什麼？

對我來說，歷史是一本本的書，他們被刻劃在書裡，敘述著哪一年政府做了什麼良政，又或者百姓為了什麼而上街抗議。

2. 生活中有哪些事物與歷史有關？

我覺得是「政府」！因為沒有前人的努力，哪來現在的中華民國？前人的努力和艱辛被寫進史書，供後代翻閱了解。比如，苗栗事件等，都是過去發生且值得紀念的「歷史」。

3. 這些歷史給你什麼感覺？

這是不容開玩笑的，在我們現在看來，那只是歷史，都過去了，遇不到，可是誰又能體會當下他們的心情呢？而且每一次的衝突事件下，哪一次不是死傷慘重？令人感傷！

4. 各家看法中，你比較欣賞哪一個人對歷史的看法？又不認同哪一個人的看法？你覺得歷史該是客觀的？或是主觀？

我欣賞的是胡適先生的看法，我覺得歷史應該用客觀的想法來描述，而非主觀，如果用主觀的方式來表達，那就只是你對那件事的感覺罷了，後代看了這樣的書，只會對歷史有所扭曲。我不認同愛默生的看法，因為我覺得歷史該是客觀的。

尋一片美好——校園景觀情境摹寫

黃一軒　高雄市立三民高級家事商業職業學校
黃學文　高雄市立中正高級工業職業學校
李維恩　高雄市立中正高級工業職業學校
吳欣潔　國立鳳山高級商工職業學校

一、緣起

（一）教學核心的省思

　　過往國文教學，偏重知識整理與記憶，寫作常為有限課程附庸。從命題作文到引導寫作，雖予以提示與方向，仍仰賴學生閱讀體悟，缺乏具體而有步驟之引導，使學生視寫作如畏途。近年教學型態轉變，由背誦知識回歸素養涵養，如何透過課堂訓練，培養學生帶得走的能力，是本區夥伴努力目標。

（二）強化寫作的動機

　　真實寫作源於生活，只有深刻感觸，蘊蓄的力量方能動人，如果寫作只為應付考試，學生難以徜徉文字美好，將僅身陷爬格子的深淵。我們任教的職校裡，設計群孩子常走出教室，靜靜地坐於校園一隅，一筆一畫勾

勒出彩筆世界，那是多美麗的校園風景。若課程寫作也能融入真實情境，無形中，寫作將與生活產生真正連結。

二、核心理念

可小題大作、具動機誘發、易隨處運用、能反覆練習。

三、教學目標

（一）藉由文本學習寫作

以課文為橋梁，減少教學時間；給學生方法，從理解文意進展到習得創作。

（二）情境觀察激發想像

引導思考——「怎樣的文句設計，有助情境再現」，先以觀察摹寫為主，進一步鼓勵結合譬喻、擬人等手法，豐富寫作深度。

（三）實踐技高語文領域課綱記敘文本、抒情文本的表現手法

以Ba-V-1記敘的元素（包含：人、事、時、地、物等元素）、Ba-V-3摹寫手法（例如：記人、狀物、敘事、寫景時，運用視覺、聽覺、嗅覺、觸覺、通感等進行摹寫），為主要教學目標。

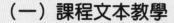

四、教學流程與規劃

（一）課程文本教學

視教師教學安排，講述、分組、討論等。

（二）擷取文本段落為寫作教材

所謂摹寫，劉勰操簡單定義：「指用生動形象的語言，對人物、事件或環境進行具體逼真的摹寫描繪。」[1] 優秀的文章多能運用摹寫再現情境，教師取材容易，可自文本擷取適切段落，當作引導材料。

（三）分析寫作方法與特色

教學規劃上，我們以下面步驟指導：

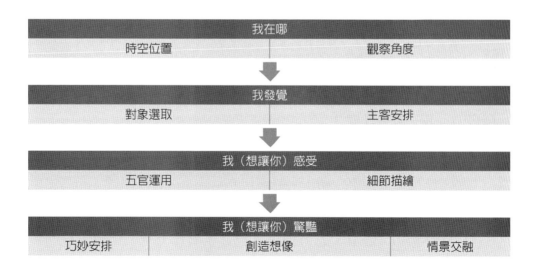

---

[1] 劉勰操：《寫作方法一百例》（臺北：萬卷樓，1990年），頁326。

1. 階段一：我，在哪裡？

由教師提問，引導學生尋找與時空相關的關鍵詞，並於其下畫線。之後請學生推斷創作者的觀看視角，作為後續寫作位置思考。

(1) 時空定位：設想寫作者（自己）的時空位置。

(2) 視角設定：設想寫作者（自己）觀察的角度。

太陽照在往返碧綠的山坡上，窗外寂寂然沒有聲息。我也看到午後的鳥雀在林木間穿梭，但聽不見它們的啁啾。隔著兩層玻璃，野櫻在悄悄搖擺它的細枝，豐美的葉子反覆閃光。風在吹，但我們都聽不見風。

（龍騰第4冊課本選文：楊牧〈野櫻〉——91字）

時間	午後	地點	窗外的自然景象
視角	定點描寫，楊牧寫作位置為室內，藉由室內看窗外。		

復入深林中，林木蓊翳，大小不可辨名，老藤纏結其上，若虯龍環繞，風過葉落，有大如掌者。又有巨木裂土而出，兩葉始蘗，已大十圍，導人謂楠也。楠之始生，已具全體，歲久則堅，終不加大，蓋與竹筍同理。樹上禽聲萬態，耳所創聞，目不得視其狀。涼風襲肌，幾忘炎暑。

（郁永河〈北投硫穴記〉——123字）

時間	夏天	地點	深林中
視角	動點描寫（邊走邊看，將不同的景象記錄下來），郁永河以硫穴為目的，由外圍向中心，穿過這片深林。		

2. 階段二：我，發覺什麼？

由學生圈選文句情境中作者描述的事物（去除修飾詞／詞組，一般來說為名詞）。待學生完成，進一步討論作者有意營造什麼氛圍？以及在這氛圍裡，最主要、顯眼、特出的事物可能是什麼？

(1) 對象選擇：觀察／思考情境（營造氛圍和感受）中應出現的事物，選擇具有代表性者作為描繪對象。

(2) 主客安排：什麼是段落主要描繪的對象（主體、文章主軸、牽涉後文），客體如照片中的背景，適時需要疏淡。

太陽照在往返碧綠的山坡上，窗外寂寂然沒有聲息。我也看到午後的鳥雀在林木間穿梭，但聽不見它們的啁啾。隔著兩層玻璃，野櫻在悄悄搖擺它的細枝，豐美的葉子反覆閃光。風在吹，但我們都聽不見風。	
出現事物	太陽、山坡、鳥雀、林木、野櫻（葉子）、風
主體聚焦	野櫻
主要氛圍	寧靜而富生機，隔著距離感
復入深林中，林木翁翳，大小不可辨名，老藤纏結其上，若虬龍環繞，風過葉落，有大如掌者。又有巨木裂土而出，兩葉始蘗，已大十圍，導人謂楠也。楠之始生，已具全體，歲久則堅，終不加大，蓋與竹筍同理。樹上禽聲萬態，耳所創聞，目不得視其狀。涼風襲肌，幾忘炎暑。	
出現事物	林木（老藤、葉）、巨木（禽）、風
主體聚焦	巨木
主要氛圍	怪、奇、壯闊。初次見到旅行中難忘的森林場景

3. 階段三：我，（想讓你）感受什麼？

　　帶領學生思考作者如何營造氛圍，特別細節描繪如何完成。先請學生畫下修飾詞組，分析作者如何增加對書寫對象的修飾？

　　(1) 細節描繪：符合情境（營造氛圍和感受）下，將觀察和情境中出現的事物加以進一步描繪。

　　(2) 五官運用：運用視覺（顏色、形狀、大小、光影……）、聽覺（狀聲詞……）、嗅覺（氣味）、味覺（酸、甜、苦、辣、鹹……）、觸覺（溫度、粗細）等感官摹寫的方式，將觀察的事物描繪出來。

太陽照在往返碧綠的山坡上，窗外寂寂然沒有聲息。我也看到午後的鳥雀在林木間穿梭，但聽不見它們的啁啾。隔著兩層玻璃，野櫻在悄悄搖擺它的細枝，豐美的葉子反覆閃光。風在吹，但我們都聽不見風。	
出現事物	太陽、山坡、鳥雀、林木、野櫻（葉子）、風

| 進一步描繪 | 視覺：碧綠的山坡、午後的鳥雀在林木間穿梭、野櫻搖擺細枝、豐美葉子反覆閃光 |
| | 聽覺：鳥雀聽不見啁啾、野櫻悄悄、聽不見風 |

復入深林中，林木翁翳，大小不可辨名，老藤纏結其上，若虯龍環繞，風過葉落，有大如掌者。又有巨木裂土而出，兩葉始蘗，已大十圍，導人謂楠也。楠之始生，已具全體，歲久則堅，終不加大，蓋與竹笋同理。樹上禽聲萬態，耳所剏聞，目不得視其狀。涼風襲肌，幾忘炎暑。

出現事物	林木（老藤、葉）、巨木（禽）、風
進一步描繪	視覺：林木翁翳、老藤纏結其上若虯龍環繞、葉落有大如掌、巨木裂土而生
	聽覺：禽聲萬態，耳所剏聞
	觸覺：涼風襲肌

4. 階段四：我，（想讓你）驚豔。

完成摹寫的討論，教師可視學生學習狀況，帶領討論創作手法的問題。

(1) 巧妙安排：寫作時可運用巧思，加以妥善安排。

　　A. 運鏡手法（順時鐘、反時鐘、中心擴散、向內收束……）

　　　　例：（由遠聚焦）山坡→鳥雀→林木→野櫻

　　　　例：（順序穿越）深林→巨木→樹上禽聲

　　B. 動靜合宜（如在靜態的環境中，安排動態的事物）、明暗關係……

　　　　例：窗外寂然沒有聲息VS鳥雀在林木間穿梭

(2) 創造想像：寫作時可多加想像，添加不同色彩。

　　A. 譬喻　例：老藤纏結其上，若虯龍環繞，風過葉落，有大如掌者。

　　B. 轉化　例：野櫻在悄悄搖擺它的細枝，豐美的葉子反覆閃光。

　　C. 誇飾　例：巨木裂土而出，兩葉始蘗，已大十圍。

D. 無中生有（反向思考，尋找情境該出現／沒有出現的事物）

　　例：風在吹，但我們都聽不見風。

(3) 情景交融：寫作時別忘景即情，融入抽象情感。

　　A. 象徵　　例：「野櫻興衰榮枯的歷程」等於「自我生命的意義」。

　　B. 情景交融：將所觀察的事項，融合／假想自己的心情（如：喜悅、憤怒、憂愁、哀傷……），嘗試情景交融。

　　C. 情志抒發：主題的呈現，賦予意義、詮釋、道理、反思等。

五、教學實踐

（一）給予學生半節課，在校園裡尋找喜愛景象，依教學階段完成書寫任務。

（二）學生作品分析（教師將學生作品，分表現較弱、普通、較佳三類討論）。

※學生背景：高一入學新生，會考作文四級分。課程進行時間為上學期第二次段考後，並配合豐子愷〈梧桐樹〉帶學生看校園的樹。

1. 表現較弱的學生群

在那遙遠的草坪，我看到一群黝黑皮膚的小鮮肉，從那墨綠色大樹前一一走過，在這入冬的季節，我感到人生的新希望，春天來了。（A同學）

在司令臺旁的走道，有如綠色隧道般，有種神祕感。最後方還有兩道針形葉的樹叢，有些可愛，樹旁的石碑上寫了詩文，旁邊還寫了尋隱者不遇。（B同學）

校園的草皮十分寧靜，草皮周圍都是高大又年老的樹木，附加一些較矮小的樹木，中間有一顆白色石頭，還有一旁的座位，這時突然有體育班的學生大搖大擺的走進，讓整座草原熱鬧起來。（C同學）

	階段說明	評閱分析與說明
一	時空定位，視角設定。	三位同學大致能掌握基礎的時空定位、視角設定。
二	對象選擇，主客安排。	敘述情境對象的選擇，有主要書寫對象（小鮮肉、石碑、體育班學生）修飾、形象化描述較少，此外，次要書寫對象過少，整體氛圍略顯不足。
三	細節描繪，五官運用。	細節描繪較少，只以視覺摹寫為主，能嘗試簡單形容詞修飾，無法延伸更多的變化。

2. 表現普通的學生群

地板上鋪著一片片地磚，有一棟外觀稍微老舊，顏色斑黃、混濁的建築物，還有一棟看起來較新穎、顏色漂亮的建築物，兩棟房子並排在一起，形成強烈的對比。在前方不遠處，還有一個女孩背對著我坐，低著頭，不知道在玩手機、看書還是寫生，在那女孩的右側，種著一些我不知名的樹，從這裡也可以看到瑞豐夜市裡的一些小攤招牌，看到一輛輛汽車來回經過。（D同學）

	階段說明	評閱分析與說明
一	時空定位，視角設定。	能掌握時空定位、視角設定。
二	對象選擇，主客安排。	能選擇建築物、女孩、樹和小攤販等事物描寫，欠缺主要欲凸顯或強化的對象，但透過事物堆疊，仍予讀者一個情境。
三	細節描繪，五官運用。	視覺為主，事物細節描繪較少，以簡單形容詞、動作修飾，白描所見的景象，已具基本情境呈現效果。

3. 表現較佳的學生群

秋風徐徐，沒有太陽炎熱的普照，但看著大自然所演藝的種種舞姿，我心便暖了起來。一排整齊安靜的樹木倚靠在大廈的牆邊，兩人似乎訴說著祕密……。霎時，一襲強風呼嘯而過，吹散了它的外衣，風兒攜著散落的葉子，迎向天空的蔚藍。然而樹木仍屹立不搖的矗立在前。當眼光拉近時，看見了一株小草，它嫩葉上令人舒坦又均勻的綠色，和沿著莖而自然垂下的線條更是令人嘖嘖稱奇，對稱葉脈使人不禁想嗅出它的芬芳，雖然它僅僅是個嬌小而不起眼的小草，卻使我體悟它頑強而美麗動人的一生。（E同學）

	階段說明	評閱分析
一	時空定位，視角設定。	時空定位明確，呈現寧靜涼爽的秋景，視角設定順暢，由校園一角，自遠而近。
二	對象選擇，主客安排。	敘述情境中有太陽、風、樹木、大廈、草等等，並明確以「草」為主要書寫對象。
三	細節描繪，五官運用。	1. 細節描繪生動，如風吹散落葉、小草的細節描繪。 2. 書寫中運用視覺、觸覺（感受溫度）、嗅覺（想嗅出芬芳），充分深化氛圍。
四	評閱者能感到驚豔	1. 巧妙安排：運鏡手法合宜，由遠而近，最終聚焦於小草；畫面有動有靜，安靜的環境，突如其來的強風，因而發現小草。 2. 創造想像：樹木能訴說祕密、風兒能攜著落葉等，運用擬人手法使文句更加生動。 3. 情景交融：能透過情境抒發自我情志，即便嬌小而不起眼，也能有頑強美麗的一生。

六、教學省思與深化（以三民家商、中正高工 學生為討論對象）

（一）步驟化的教學對技職學生具一定成效

透過文本剖析，學生能懂寫作隱含脈絡。技職學生特質，常需明確可行操作法則，步驟化等同搭建鷹架，提供閱讀和寫作方法。並由淺而深，階段一到三為基礎，每個學生幾乎皆能掌握，而階段四，則考驗學生的想像力和創造力。

（二）真實情境的觀察，使寫作更具意義

我們也發現，走出教室使寫作更具意義。固然學生寫作能力懸殊，修飾詞彙貧乏，但當靜下來觀察校園，即便白描，也都有再現情境的效果。如同楊牧說，「當親近過大自然，親近過的經驗將如宇宙動力支持，有一天當你的詩發育茁長，並且突兀成形的時候，那祕密的世界將全面展開，通過你的心血思考以及洶湧的想像力，自你筆下展現開放，和世人共享。」[2] 我們確實也在學生筆下，徜徉其所創造的想像世界。

（三）融入校園核心價值，可為環境教育的一環

每個學校都具特色情境，富教育意義。教師可融入體會創校者用心，提升環境教育強調的環境覺知與敏感度，賦予學子自然和人為環境美的欣賞，行動經驗亦加深對校園情感與認同。校園摹寫關鍵，在藉由感官觀察，融入適切文學想像，有次序將之再現，最終目的要使人有所感。而融

---

[2] 楊牧：《一首詩的完成》（臺北：洪範，2004年），頁18。

入抽象情緒、情感、意念等所生之情志，正是教師可引導之處。

（四）變化操作方法，能多次訓練摹寫能力

寫作完成後，教師講評是必須的。或可從班級挑選作品示範、對照，或提供學生討論，具體分析作品，加深摹寫方法的後設認知。而後，透過活動的變化，例如拍下喜歡的美景加上摹寫於臉書打卡、製作風景明信片等，多次訓練摹寫能力。最終，可再導引如何將摹寫的情境活用於篇章。

電影思辨寫作
——猜猜我是誰

呂覲芬　國立臺南家齊高級中等學校

　　性別議題是12年國教的重大四大議題之一，透過電影和媒體識讀，我們可以更多元的討論性別議題。關於性別，我希望學生可以關注這塊土地上的人，所以選擇在教育界轟動一時的中一中變性老師曾愷芯老師，也追溯至玫瑰少年的悲劇，再對照幽默輕快電影《裝扮遊戲》來討論性別議題，目前我們還在多元成家部分努力著，所以未來也能思考如何和公民學科跨領域合作。

　　本課程擬從電影出發，結合媒體識讀再回歸自身性別議題思考。可透過各組學習單及口頭發表得知學生學習成效，而寫作訓練更是學生性別議題思考的具體展現。

領綱核心素養	電影影像解讀能力、媒體識讀能力、科技創新能力
核心素養呼應說明	透過表格分析讓學生學會歸納統整能力、建構正確媒體識讀力、活用科技創新力
評量方式	1. 透過寫作可得知學生對於閱讀資料掌握程度及性別議題思辨結果 2. 透過「Kahoot!」可知學生掌握影音重點程度

教學方法	課程仍以講述法為主，但加入了影音及相關分組討論議題，並結合有學理的心理測驗，讓學生可以增進自我的理解，另外也結合電影思辨寫作部分，增進學生思辨寫作能力，有老師一定有疑惑，哪有時間在課堂上看電影，所以我只放預告片，吸引學生，學生有意願觀看全片時，再來和我借家用版DVD利用課餘時間觀影，於是學生學會有更多元視角；筆者本來就會在寫作時帶入影像語言，如運鏡、電影畫面、鏡像概念等等，學生也可因此學會更多層次更具畫面性方式來進行寫作。
議題融入說明	性別認同及性別選擇是學生生涯中的重要議題，透過電影及當代真實人物，讓學生知道如何真實自我面對。
與其他領域／科目連結	現代影音——電影《裝扮遊戲》 科技整合——「Kahoot!」即時互動 閱讀寫作能力——寫作訓練 在地人物關懷——中一中變性教師曾愷芯老師生命故事
教學設備／資源	電影、影音、媒體識讀、科技整合應用能力、學習單

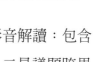

一、教學設計

　　教學前的準備活動大致分為兩部分：一是議題關注及影音解讀：包含曾愷芯人物故事、心理測驗的自我認同，並延伸思辨寫作。二是議題跨界延伸：以電影《裝扮遊戲》為主題，進行多面向討論。

　　教學活動設計大致分為兩部分：一是影音解讀、社會時事議題、媒體解讀能力、科技整合應用能力，約50分鐘；二是跨界跨時空性別議題的延伸討論學習（電影為媒介），約50分鐘。各節課程，規劃如下：

	5分鐘	性別議題討論及講解
	10分鐘	影音——曾愷芯或閱讀曾愷芯（三篇報導）
	5分鐘	電影《裝扮遊戲》預告片
第一節	10分鐘	國寫——玫瑰少年講解（亦可搭配影音）
	10分鐘	以表格分析三種類型
	10分鐘	心理測驗及綜合討論

	15分鐘	電影《裝扮遊戲》片名及海報討論
第二節	15分鐘	電影《裝扮遊戲》結構及劇情討論
	10分鐘	電影《裝扮遊戲》敘事手法及寫作力
	10分鐘	電影《裝扮遊戲》「Kahoot!」互動遊戲

教學步驟包含：

（一）歸納出性別課題的三種類型

　　　1. 性別符號的定義（刻板印象？）（葉永鋕）

　　　2. 性別符號的浮動（裝扮遊戲）（洛兒？米克？）

　　　3. 性別符號的改變（切換？）（曾愷芯）

（二）有學理的心理測驗（重新認識自我心理性別）

（三）電影性別掙扎及認同

（四）寫作訓練的反思與回饋

二、教學資源分享

（一）心理測驗

　　網路上有許多有趣的性別相關心理測驗，為提高學生興趣，可擇一讓學生試玩，也可藉此討論是否有所謂的刻板印象。

　　或者也可運用亞倫・皮斯、芭芭拉・皮斯《為什麼男人不聽，女人不看地圖》（平安叢書出版）書中的測驗。在這個測驗中，多數男性的分數會分布在0～180分之間，多數女性的分數會分布在150～300分之間，所以分數高過180分的男性，可能是很女性化的人。而大腦越女性化，特徵可能包含：富有創意，有音樂藝術方面的天份，會憑直覺與感覺做決定，並

擅長從很少的資訊判斷問題。

（二）《玫瑰少年事件簿》：葉永鋕故事影音
https://youtu.be/V_M9ZId2QAY

葉永鋕，原是屏東縣高樹國中的學生，因不同的性別氣質遭到同學霸凌。2000年4月20日，葉永鋕在上廁所時倒臥血泊中，送醫後仍不幸身亡。這個事件引發社會對於性別教育的進一步關注。2004年，《兩性平等教育法》改為《性別平等教育法》，教育政策也從原本的兩性教育，轉變為今日的性別多元教育。

（三）〈人間‧失格——高樹少年之死〉

此文為陳俊志紀錄片導演所撰寫，為第31屆時報文學獎得獎作品。

（四）關於《裝扮遊戲》的分析

1. 從片名談起

片名為「Tomboy」由「Thomas」和「boy」兩個字結合，意思是穿著動作像男孩子，又喜歡和男孩子混的女孩子，最貼切的中文解釋是男人婆，但中文片名翻成「裝扮遊戲」更能妥切適合全片內容。

另外呼應全片的年齡設定，以裝扮遊戲來說似乎更貼切也更充滿童趣。劇中主角洛兒假扮成男孩子米克，隱約告訴觀眾：這是一場裝扮遊戲，雖然其背後談的是嚴肅的性別議題，但以這中文片名來說，更能拉近與觀眾距離。對十一歲左右孩子而言，男女生理分際並不明顯，女變男也不困難，令我好奇的是為何洛兒想成為男孩子呢？若從傳統父權社會思想來說，這樣的期盼很正常，因為男孩子是社會中的強勢性別，如果可以選擇，我想我也會做跟洛兒一樣的選擇。

我們再從開頭的父女共同開車相關場景來看，選擇強勢性別的答案已透露出端倪了，對照母親因懷孕只能困守家中，父權與母權的強弱昭然若揭。初來乍到新環境的洛兒透過觀察發現：只有男孩們在做各式體能活動，唯一的女孩卻是旁觀者，活潑好動的洛兒於是選擇「當」男孩，這樣的劇情脈絡顯得順理成章，再加上麗莎也從旁協助米克快速融入團體，米克很快找到認同。

2. 從人物談起

我想從人物洛兒這角色爲核心來談全片結構，全片談的就是性別議題，我分析全片是洛兒的性別意識→性別覺醒→性別選擇→性別妥協→性別接受。

性別意識透過父親帶著洛兒開車及母親因懷孕只能待在家中兩線來對照，並突出強勢性別，這是自由和限制的兩種類別。

性別覺醒則由透過搬到新家後，洛兒的觀察及麗莎的誤認和推波助瀾，讓洛兒有意識自我覺醒，於是洛兒透過將錯就錯及裝扮讓自己成爲男生米克，這是性別覺醒及性別選擇；最後洛兒謊言被拆穿，媽媽讓洛兒穿上洋裝且前去向被她打傷的男孩家道歉，雖然洛兒選擇將藍色洋裝留在樹上，但她最後仍向麗莎坦承自己的眞實身分，這是性別的妥協及性別接受。

3. 表格分析

和洛兒有關的三個女性角色：

(1) 母親角色——將孩子帶入世間並重新賦予生命

(2) 麗莎——誤判洛兒性別並推波助瀾

(3) 珍妮——是洛兒女性角色的反射，亦是擾亂者

	自我	長者	他者	他者（妹妹）
男生	米克（另一身分）	父親	米克的玩伴們	
和洛兒的關係		母親 學習對象	麗莎 也是女朋友	乖女孩 也是擾亂者
年齡層		長於洛兒	年齡相仿	較年幼

（五）三種性別類型

	玫瑰少年	《裝扮遊戲》	曾愷芯	心理測驗
男性身分	葉永鋕（14歲）	米克（12歲）	曾國昌（50歲）	
女性身分	內在靈魂	洛兒	變性為曾愷芯	
深度分析 （性別意識）	被困在男孩身體 的女兒魂	孩童的自我認同 尋找：性別選擇 →性別妥協	性別掙扎→性別 重新確認→性別 轉換	呼應一般刻 板印象（心 理屬性）
時代	當代2000年		當代2015	
空間	臺灣	法國	臺灣	
最終性別選擇	男	女	女	

（六）寫作訓練

　　看完了玫瑰少年相關影片介紹、中一中曾愷芯老師生命故事，以及電影《裝扮遊戲》，請選擇下列角色之一為主要描述對象（玫瑰少年或電影中的洛兒、曾愷芯老師），說明你對性別議題的看法和感受，文長不限，但請自訂題目。

　　（說明：描述對象三擇一是希望學生能聚焦某一人物且深度闡述）

三、教學省思

　　教學時數一直是個重要關卡，筆者想嘗試看看跨領域教學的成效，所以利用暑假辦了一天電影思辨寫作營，由學生寫作訓練作品及回饋單中可知成效頗佳，或許這是個開始，因應未來高科技世代，我們只能不斷嘗試，同時讓學生也勇於改變和挑戰，我想也就不負這一波教育改革了。

趣味×生活×文學——「我也來做解籤人」微創作教學

周家嵐　臺北市立大安高級工業職業學校

一、師生零壓力的微創作教學模式

　　「寫作」是國語文教育中極重要的教學內容，學生若能以清晰流暢的文筆，完整地表達想說明的概念，就足以證明他具備了良好的語文能力。然而，在教學現場，「寫作」一直是學生最怕的語文活動，原因不外乎是「沒有素材」、「不知如何下筆」、「不知有何用處」等；對教師而言，扣除講解課文、檢討習題、課後測驗所花費的時間，要再進行「寫作教學」也確有困難，通常只能指派為回家作業或是段考考題，無法一步步引導學生掌握寫作的竅門。

　　近年來，筆者嘗試以「微創作」的概念設計教學活動，期望以「趣味化」、「生活化」的方式，帶領學生享受寫作的樂趣，享受文學的美好，同時又能減輕教師的備課與批改重擔，建構一個「師生零壓力」的教學模式。本文將以「我也來做解籤人」活動為例，說明如何結合課文主題，進行大約一節課的「微創作活動」。

「我也來做解籤人」活動發想自傳統廟宇的「籤詩」文化，希望透過「仿作」，引導學生掌握傳統籤詩的構成要素、拆解法則，並深入詩歌的內涵，玩味出不同的意境。

在準備課程階段，教師可至鄰近廟宇索取籤詩，作為課堂解說範例，亦可參考坊間書籍，以PPT形式展示籤詩的組成架構，幫助學生掌握創作重點。傳統籤詩包含「廟名」、「籤序」、「卦頭」、「卦頭故事」、「籤詩內容」、「籤詩吉凶說明」和「籤解項目」、「勸世標語」、「捐贈者」等諸多內容，為求教學簡便，仿作僅需保留「籤詩內容」、「籤詩吉凶說明」和「籤解項目」即可。

在課程開始前幾天，可規定學生至鄰近廟宇走一趟，實際抽一張籤，感受籤中滋味，並將籤詩帶至課堂上參考；另外，規定學生自行準備喜愛的古典韻文或新詩數首，以便於課堂進行創作。正式授課時，教師先以十分鐘時間介紹「籤詩」的基本概念，並示範解籤的要領，接著，以教師自行製作的範例，說明如何完成「籤詩仿作」。

圖一為筆者實際授課時的教學範例，中間三層欄位最上一層，自選一首古典韻文或新詩為籤詩本文；第二層書寫該古典韻文的翻譯或新詩賞析；第三層解籤欄，分成「運勢」、「愛情」、「課業」、「財運」、「健康」等五個欄位，根據第一層籤詩本文，撰寫解籤內容。最後，依據五個解籤項目的整體走向，為該張籤詩下一個吉凶判定：上上籤、上籤、中平籤、中下籤、下下籤。該圖是以學生都熟悉的王之渙〈登鸛雀樓〉為籤詩素材，示範如何解籤。

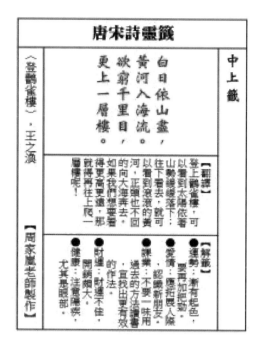

▲圖一　教師自製籤詩範例

　　第二層「古典韻文的翻譯」或「新詩賞析」部分，目的在引導學生仔細玩味詩作內容，並正確解讀作品，畢竟，「正確解讀」是「正確解籤」的基礎，此外，在日後辦理相關活動（參見本文第三部分）時，這部分也能幫助抽籤者自行掌握籤旨。建議教師規定學生在課堂前就要先查清楚詩作內容的意思，在課堂上以自己的話翻譯或詮釋，一方面可以檢視學生是否真的清楚詩作本意，一方面也能鍛鍊學生的寫作能力。

　　本項寫作活動最具挑戰性的部分，便是第三層解籤欄的創作。學生必須從挑選的詩作中找到線索，寫成一段合情合理的運勢解釋。以〈登鸛雀樓〉為例，由於本詩最後兩句為「欲窮千里目，更上一層樓」，有「目前不是最理想狀況，可以再求突破」之意，因此，「運勢」部分可以解釋為「漸有起色，要再加把勁」；「愛情」部分可解釋為「應拓展人際，

認識新朋友」；「課業」部分則可以解釋爲「不要一味用過去的方法讀書，宜找出更有效的作法」。再由「白日依山盡，黃河入海流」兩句，聯想到「千金散盡」、「花錢如流水」，所以「財運」部分可解釋爲「財運不佳，開銷頗大」；至於「健康」部分，由於詩中的「依山盡」、「入海流」都有「隱藏」之意，而第三句又明確出現「目」這個字，故此部分運勢可解釋爲「注意隱疾，尤其是眼部」。

　　「我也來做解籤人」活動的「十分鐘導讀」部分，是學習的重要鷹架，透過教師的說明及示範，學生即能迅速掌握課程重點及寫作要訣：「翻譯、賞析」部分，可鍛鍊學生以簡要方式詮釋文本的能力；「解籤」部分則以「激發創意」、「刺激聯想」爲教育目標，學生必須以流暢平易的文筆解釋籤詩，讀者才能自行理解，而解籤文字與詩意密切綰合，才能讓讀者信服解籤內容。大部分的學生都可以在課堂三十分鐘內完成上述作業，教師收回紙本後，僅需以極短的修正錯字或增補少數內容，便可完成批閱工作。

三、多元成發方式，讓課堂活動「立體」起來

　　教師批閱完紙本作業後，「我也來做解籤人」活動基本上已告一段落，若時間允許，教師可將同學的作品打字、列印出來，捲成筒狀供全班同學抽取，倘若配合適當節日或活動，如：新年、情人節、開學日等時間辦理，再配合發放小糖果、小禮物等方式，場面會更加熱鬧。在筆者辦理數場活動的經驗中，經常看到抽中上上籤者開心歡呼，抽中下下籤者長吁短嘆，此時，即刻進行「生命教育」，與同學們討論「是信仰還是迷信」、「成功與失敗」、「自我預言」、「如何創造自己想要的未來」等議題，學生會更有感觸。若教師同時身爲班級導師，更可藉此觀察班上同

學目前在煩惱哪些問題，逐一聆聽並給予建議。

　　筆者在校內除了擔任「專任國文教師」，同時兼任圖書館的行政工作，因此，在課程結束後，會在圖書館挑選適合的區域，規劃為「添好運靈籤」專區，仿照廟宇籤詩的擺放形式，將精選的六十至一百首創作籤詩懸掛出來，再邀請校內的繪畫高手，為該區域設計Q版神明圖像，有意抽籤的同學，都可以到圖書館自行抽籤。這樣的設計，不但給予同學更多發表機會，也讓他們實際感受到當「作業」變成「作品」時的成就感。

▲大安高工圖書館舉辦的「添好運靈籤」活動

　　「我也來做解籤人」活動，適用於大部分的韻文課程，例如〈《詩經》選〉、〈唐詩選〉、〈宋詞選〉、〈元曲選〉、〈新詩選〉等，除了以古典韻文、新詩為素材，教師也可開放學生以「流行歌詞」進行創作，由於歌詞更貼近學生的生活，是以更容易引發學生的共鳴。倘若開放以

「流行歌詞」為創作素材，教師可趁機介紹著名的「作詞人」，提醒學生不僅要關注舞臺上發光發熱的演唱者，也要留意苦心孤詣寫作歌詞的幕後文字工作者。

四、「技術高中」的學生需要怎樣的國語文教育

在高職任教多年，筆者最常被學生問到的一句話就是：「我不打算念中文系，學國文到底有什麼用？」他們的質問點出了高中職國文教育的一個迷思：以「經典」、「菁英」為導向，期待所有的學生都能「精熟」課本內容、「精通」文學經典進而在國文課這塊領域自主「精進」學習。

姑且不論高中端的教育狀況，單就高職端而言，許多高職學生並非以「研修中國文學」為畢生職志，他們期待的是在自己喜歡的專業領域有所成就，而在國文課程中，他們重視的是「實用性」，偏愛的是「趣味化」，倘若國語文課程仍舊只有「背誦」、「講述」、「精熟練習」等學習方式，勢必無法引發學生的共鳴。是故，筆者嘗試的「微創作」教學模式，正是希望能在有限的授課時間內，以「趣味×生活×文學」為核心，不但達到「簡單」、「有效」的教學目的，更有實際的「產出」，指導學生創作出「用得到的文學」。

「『技術高中』的學生需要怎樣的國語文教育」？筆者以為，把課本當作基礎，延伸出與「生活」相關的議題，將「鍛鍊寫作能力」當成最後的產出目標，讓學生在寫作中體會到文字的趣味性與實用性，或許是一個可以嘗試的方式。面對108課綱看似巨大的轉變，倘若能掌握上述方向，或許就能得到「師生皆零壓力」的教學結果。

閱讀
幫浦

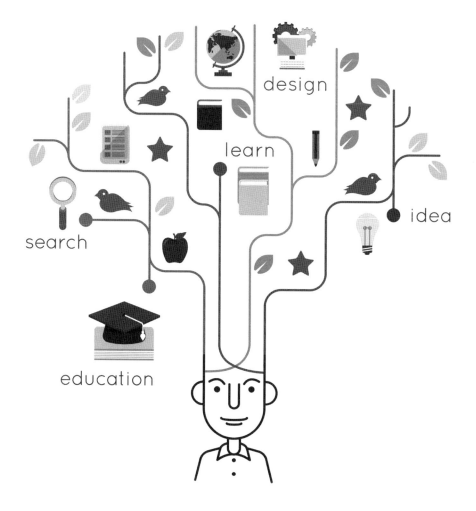

喚醒失落的閱讀魂

林子湜　桃園市治平高級中等學校

一、觀察

　　筆者任教於私立技術型高中大約十年，長期以來，一直觀察學生的語文教育，發現近來的高中學生，對於文字的掌握能力，逐步有膚淺化、無法深度思考的傾向。起初，有學界的人認為，這是資訊科技快速成長的結果，大量的資訊因為軟硬體的進步而唾手可得，反而造成學生不願意精讀文字、不願意重新思考篇章意義；後來，也有人認為，這是學生習於聲光刺激，對於需要深沉沉澱的文字篇章，則顯得興趣缺缺；也有人怪罪於國文教育過度重視考試背誦、或譴責流於形式的大拜拜創意教學、或是責難課本篇章過度重視文白之爭云云。

　　針對學生掌握文字弱化的原因，無論陳述立論為何，學生語文能力弱化是不爭的事實。在筆者任職的學校，從一開始抱怨「學生能力弱化」的氣話，到現在已經出現「數學題目看不懂是國文老師的錯」的笑話，教學團隊一直思考可否有真正一針見血的解藥、是否能夠解決真正基礎的問題？「閱讀」是一切學習能力的基礎，用計算機術語就是「輸入」，沒有輸入，也就沒有輸出的可能，更遑論輸出斑斕文采。於是，大約七年前，筆者在教學研究會上初步提出的建議方向是，先解決「閱讀」的障礙。

提出「解決閱讀障礙」的論述之前，首先要先將所有的變因定位。

其實，每個人天生對於環境都有一定的好奇心，這是在許多小孩身上都可以觀察到的現象，多數孩童對於「閱讀」的起點，也都是源自於「視覺」與「理解」衝動的好奇心，也就是說，「閱讀」可以說是孩童的基本能力之一，這是筆者對於「閱讀」一事的命題假設。

然後就可以大膽提出一個說法：「學生閱讀習慣的消失是後天人為的因素」。

其次，學生學習成就，直覺上通常與閱讀能力正相關，筆者所任教的私立技術型高中，學生入學時學習成就，大約是全市中間略偏上，頂尖的學生，可能占不到全校人數十分之一，低成就學生，大約可以占到三分之一乃至二分之一弱；可以這麼說：全市最愛讀書的孩子，都不在本校就讀，但是愛玩的孩子，可是不在少數。剩下的，則不乏龜兔賽跑中跑錯路的烏龜，再怎麼有心、卻因為用錯方法而讓讀書這件事顯得艱辛。不過，也因為愛玩的孩子很多，本校的學生生活教育，就顯得比許多公立學校嚴格許多。

是故筆者所企圖塑造的閱讀環境，在本校大環境之中，自然就形成了兩項條件：學生平時即相當適應嚴格的指導、學生就是不愛閱讀、不愛碰書。

平心而論，要推動閱讀風氣，不應該只是國文科的事情，可以全校各群科共同推動，但是認真想要推動閱讀，一定少不了圖書館的資源與支援。圖書館支援這條件，在本校顯得相當具備優勢：因為圖書館主任通常願意大力支持；原因是本校圖書館，本身長期推動班級讀書會的計畫，效

果始終不彰，歷任圖書館主任，對於來圖書館影印比借閱書籍的學生人數還多的怪現象，始終耿耿於懷，因此，私校獨有的行政命令文化出現了：各班導師每年都必須逼迫學生繳交讀書心得若干篇。但是也完全可以想像的是，抄襲、粗製濫造的情況層出不窮，但是教學團隊念茲在茲的「推動閱讀風氣」一事，不僅毫無改善，甚至受到少子化的副作用影響，還有逐年沉淪的趨勢。

那麼，磨滅學生閱讀習慣的因子在哪裡？難道只是因為電腦嗎？但，電子書他們並不熱衷、線上教學資源使用頻率也很低、教育軟體更是乏人問津！那麼，問題究竟在哪裡？

三、策略

我們想改變，即使改變策略的本質是由強制外塑而逐步內化，也無所謂，因為我們是學校，必須有所作為。於是筆者跟圖書館主任決定用上一些時間，追蹤學生的行動模式，再加上與許多班級學生討論、經過幾番沉澱，我們得到了一些有趣的結論：

（一）如果環境條件允許，學生本質上還是喜歡看書的：這點發現，令我們相當驚訝，至少在本校的範圍內，真的摸到書就無力再戰、一敗塗地的學生，真的很少，學生的心中，其實並不排斥「閱讀」這件事，也就是說，「沒有不喜歡閱讀的學生」、「只有不想碰書的學生」。

（二）學生上圖書館，必須要有挑選書籍、沉澱內容的時間：這一點很重要，以學生跑福利社來作為對比，受限於短短的十分鐘下課時間，他們可以先設想好要購買什麼，然後抓了就去結帳；但是閱讀則不然，對於學生而言、特別是沒有閱讀習慣的學生，他們非常需要時間挑選、試讀、沉澱，而這是規律的學校生活中，難以支援的時間安排策略。

（三）學生認爲圖書館是非正式課程：學生會說，老師帶學生去圖書館，是老師在渾水摸魚、放生學習；學生上圖書館，面對書海茫茫，一沒興趣，二不知從何挑起，於是就會選擇睡覺聊天滑手機，虛擲兩節課光陰。

（四）讀書心得的惡性循環：兩節課沒認眞讀書的學生，面對接下來的心得寫作，自然腦袋空無一物，但是迫於作業繳交壓力，就會出現粗製濫造的狀況，而老師面對品質奇差無比的作品，就開始動輒以字數、乃至懲罰等壓力迫使學生改善，學生因此產生「閱讀是爲了應付作業」的觀念，進而排斥閱讀，閱讀課程所產出的作業品質，也就更加低落。

綜合以上四點，可以發現，以本校狀況而言，雖然有豐富的藏書量，可是大環境的安排與氛圍，其實對於學生培養閱讀習慣是趨向不利的，如果能解決外部環境的問題，掃除閱讀活動的障礙，或許，學生心中那沉睡已久、失落的閱讀魂，可以重新被喚起。

四、行動

先說一段關於閱讀活動，與學生眞實而普遍的對話。

「明天開始，我要開始實施課堂閱讀，我的規則是每個月要申請全班進圖書館兩天、每星期的這堂課，全班每個人都要帶至少一本課外書來看，沒看的，我再來處理你，各位懂了嗎？有沒有問題？」

全班死寂，面無表情看著我。

「不對，你們應該有問題問我。」

過了很久，終於有學生舉手發問：「老師，要不要寫心得？」

「要！」我斬釘截鐵地說，「下一題。」

「……要寫多少字？」

「三千字。」我說完，學生臉都黯淡了。

這段對話是筆者自己第一次實施課堂閱讀策略時，所發生的真實對話，而文中「我」的發言是經過安排的，確實有引起學生戲劇般的效果：如我與圖書館主任所意料，過去，他們所經歷的每一位老師，推動閱讀時，所採取的策略就是「交心得」，而且是重量不重質的狀態。或許，這樣以心得作為成果驗收的方式，很適合能主動學習的高分群、或一直喜愛閱讀的學生，但是，在筆者所任教的學校中，大部分的學生，卻是被這樣的作業流程拖磨，最後失去了閱讀的興趣，寧可將時間花在睡覺聊天打手機，也不願去翻開一本書。

接下來繼續講下面的故事：

看著他們黯淡的臉，我接著說，「原則上不用寫心得。」

他們的眼睛亮了起來。

「每節課堂閱讀結束後，我會抽籤口頭報告三十秒，順利讀完一節課的同學，一次作業成績九十分；被我抓到不讀課外書、發呆應付我、聊天講話等等的同學，要寫三千字心得報告，最高成績不超過八十分；心得賴皮不交的，依校規處理。太多人不想看的話，我立刻收掉活動、舉行考試！」

「每次進圖書館，我會配合學校、先進行主題閱讀，例如本週的主題是性別平等，我先講二十分鐘，各位去找性平的書來看三十分鐘，我會一個一個檢查各位手上的書；第二節課開始，才是進行自由閱覽。」

全班立刻騷動。

但是他們還是很有問題想問：「老師，可以看漫畫嗎？」

「不行，字要比圖多，所以攝影集、漫畫跟繪本都不行。」

「小說呢？」

「可以。」他們超開心的，所以我又問了，「你們到底是被禁止看小說到什麼程度？」他們回報我的是一張張無奈的苦笑。

「老師，如果我看著一本書發呆呢？」

「不要被我抓到，但是，假裝假到最後，會變成真的，你放心。」

「老師，我可以讀英文閱讀測驗嗎？」

「警告你！這是國文課！不是英文課、更不是自習課！你很在乎英文考試就在英文課、自習課讀，在我國文課讀的話，我會用實際作為告訴各位，國文課考試也可以很吃重！」

所以，下一週開始，筆者所任課的班級，借閱率開始（被強迫）衝上排行榜，筆者所做的，就是閱讀活動進行時，管理好班級的秩序；然後，忘了帶書的學生，會開始跟有帶書的同學借書；忘了帶學生證的，會開始拜託其他人幫忙借；接下來，教務處查堂的違規紀錄，也開始飆高到全校榜首，缺點次數冠軍，既不是趴睡、更不是破壞秩序，而是：上課閱讀課外書！

最後在期末，筆者發下了小小問卷，請學生回顧一下，這個學期讀了什麼書、想推薦哪本書、以及對於這門課程的建議。

「等你們習慣養成了，我再用我的方法教你們寫心得吧！」

五、反思

筆者這套推動策略在經過幾年的推動之後，大致得到以下幾項反思：

（一）高分群基於本身閱讀能力及考試領導教學的思維，容易認為閱讀課程是非正式課程，對於這樣的課堂安排可能造成國文課趕課的現象，容易抱怨「浪費時間」、「排擠上國文的時間」。

（二）學習成就中段的學生，可以配合主題引導，進行閱讀的指導工作，效果更好更明顯。

（三）對於閱讀興味索然的學生，請堅持「假到最後會變成真的」信念，發揮戰力，陪他凹到底吧！

（四）教室與圖書館的距離也是必須要考量的因子，距離太遠的班級、或是樓層過高的圖書館，有其地理不利的因素，這點真的因學校、班級而異。

（五）老師不要輕易放棄秩序管理容易失控的班級，要給他們時間。

（六）趁機要感謝一下本校的教務處與圖書館，因為在他們意識到這些班級有好轉現象之後，開始協助制訂了一些半官方的策略，如教學研究會通過每學期每班至少要進圖書館兩次、圖書館開始在輔導課安排圖書館利用課程、美化、活潑化閱覽空間等等作為，對於閱讀風氣的推動，算是有了初步的官方支援，有些老師甚至會配合書展、詩展等時間實施，擴大了整個閱讀活動的效益。

本文所陳述的策略以及問答策略，必須建構在兩者條件成立的班級之上：第一是老師對於該班級有一定的掌控能力，其次是學生確實從小都對於紙筆作業有負面感受。筆者必須再度提醒，這套策略的設計並不是對於「寫心得」一事的反潮，而是「補充」的協助作為：因為「寫心得」這類

教學策略，本身較適合學習成就高的學生，不利於學習成就中等以下的學生，因此必須先拉拔他們到一定程度之後，再開始透過心得撰寫等策略推動精讀。當學生培養閱讀習慣到一定程度之後，「寫心得」的材料信手拈來，滿腹墨水自然妙筆生花，就不易陷入如前述的讀書心得惡性循環。

最後謹以簡單粗淺的分享，祝福各位老師，在千奇百怪、各式各樣的班級學生中，順利推動閱讀活動吧！

多元學習與課外閱讀

李瓊雲　臺北市立士林高級商業職業學校

一、前言

　　身為一位高職國文教師，總是在每次接任一個新的班級的第一堂課時，就誠懇的向學生提出**「悠遊文學智慧海，共探生命大花園」**學習願景的邀約！期許自己除了能滿足學生因應升學所需的學識與理解的知性學習外，更能夠透過各種文本的閱讀理解、思辨、創作及體驗等多元學習活動，連結學生的生命經驗，並開啟學生對自己的生命的好奇及探索。

二、多元學習活動設計舉隅

　　雖然時下有不少人對國語文的教學多有批評，但是在教學現場的教師們還是很有心的進行許多創意教學。國語文的學習要點不外乎「聽、說、讀、寫」，多元學習活動的目的，都是課文學習的加深加廣及與學生生活經驗連結。筆者曾經嘗試的多元教學活動如下：

序號	教學內容	多元教學活動
1	錯字不要來	大家來找碴～～搶答活動。
2	唐詩宋詞元曲選讀	古詩吟唱聆聽及教唱，並於學校元宵節猜燈謎活動中暖場獻唱。
3	現代詩選讀	補充陳黎先生的作品〈戰爭交響曲〉進行認識圖像詩與創作練習。
4	貶謫文章選讀	介紹尼克、乙武洋匡及馬文仲等生命勇士的書籍及影片欣賞及心得撰寫。
5	詠物篇（張曉風）	校園巡禮～～尋找木棉花（觀察、觸摸及記錄）並進行捕捉個人心中最美的校景。
6	琵琶行並序（白居易）	邀請國樂社同學於課堂介紹樂器並現場彈奏琵琶曲。
7	赤壁賦（蘇軾）	請學生閉上眼睛，安靜聆聽洞簫及古箏的演奏，理解聲情之不同。
8	大同與小康	邀請視障同仁至班上分享求學過程的甘苦談及就業的努力，並讓學生體驗視障的不便。
9	桃花源記	介紹幸福的國度——不丹及聆聽好歌（夢田），並進行為「世界祝福」的祈願卡撰寫活動。
10	詩經（蓼莪）	配合教孝月～～母親節慶祝活動，進行「愛的波動我和你」請學生為母親做一件事——按摩、切水果、做一道菜、洗腳及繪製母親節感恩卡等。
11	作文指導	選讀優良課外閱讀文章，讓學生撰寫閱讀理解學習單。
12	生命教育	參觀宗教博物館並撰寫學習單，了解世界各地的人群對生命的起源及意義的闡釋。

三、多元學習活動實例之一二

　　筆者所進行的多元學習活動記錄及作業因考量照片檔的解析度及字數問題，不予呈現。僅以「課外閱讀理解」及「大家來找碴」二者為例，說明如下。

臺北市立士林高商高三國文〈勸學〉課外補充教材
～～閱讀理解寫作練習單

班級：＿＿＿＿＿　座號：＿＿＿＿＿　姓名：＿＿＿＿＿　得分：＿＿＿＿＿

〈啃書族酷斃列傳〉李瓊雲

　　歷史上勤勉向學，認真努力的名人非常多，他們的故事大家都耳熟能詳。例如楚國人孫敬非常好學，為了防止自己打瞌睡，所以將頭髮用繩子綁在屋梁上；戰國時的蘇秦一心讀書，只要一有睡意，就用錐子刺大腿，讓自己清醒。

　　而漢朝的匡衡因為家境貧困，只好鑿穿牆壁，藉由鄰家的燭光來照亮苦讀；晉代車胤也是因為家貧，沒有錢購買燈油，所以把螢火蟲放入囊袋中，借著螢火蟲發出的幽微亮光來讀書；晉時孫康、南齊江泌同樣是家庭困苦，只好夜晚利用雪光照明來讀書。這就是「懸梁刺股」、「鑿壁透光」、「囊螢積雪」的由來。而唐朝的白居易更是發憤苦讀至「口舌成瘡（ㄔㄨㄤ），手肘生胝（ㄓ）」的程度。這些古人的苦讀用功實在令人敬佩。

　　一般四肢健全的人面對上學讀書這件事，有時都難免心生怠惰，更何況是肢體障礙的人，他們求學之路的艱難，比起一般人不知要辛苦多少倍。而出生在新竹的陳俊翰，自幼被診斷出罹患罕見的「脊髓性肌肉萎縮症」，造成運動神經元退化、肌肉萎縮、肌肉無力，全身癱瘓。他曾被醫師告知最多只能活到四歲，曾多次因感冒引起併發症，多次與死神拔河。後來又因為電熱毯發生電線走火的意外，他的雙腳嚴重灼傷，導致小腿截肢，但是他和家人從未放棄讀書求學這一件事，他把握分秒，努力當下，成為一位「與時間競賽的人」的生命鬥士！

　　陳俊翰從培英國中畢業後，以榜首的傑出成績考取了新竹高中，在校成績保持第一名。他上課非常專心，回家後認真用功，忍著身體的痛楚，含淚苦讀。一篇作文，他要花六個小時才能完成。他高中畢業後順利考上臺灣大學，在寒暑假期間，除了例行的醫療

外，也努力學習電腦及外文等。陳俊翰不僅取得臺大會計及法律系雙學位，更在2006年高中律師高考榜首。

　　從小一路照顧陪伴、支持鼓勵陳俊翰的人，就是他非常辛苦，卻無怨無悔的母親——謝季珍女士。2012年夏天，陳俊翰將在母親的陪伴下赴美國哈佛大學攻讀法律系研究所。他從小就夢想到國外念書，儘管行動不便，卻從未放棄留學夢。他的堅忍苦讀，持續努力，永不放棄的精神同樣令人敬佩！

*閱讀上文後，請回答下列問題。

1.請問「懸梁刺股」、「鑿壁透光」、「囊螢積雪」三個成語故事的主人翁分別是誰？

_____

_____

_____

2.請寫出陳俊翰這位「與時間競賽的人」的生命鬥士所遭遇的困境有哪些？

_____

_____

_____

3.請問在眾多勤學苦讀的古人當中，你最敬佩哪一個人？並請說明理由是什麼？

_____

_____

_____

4.請問生命鬥士陳俊翰的故事帶給你哪些啟示？如果你有機會跟他對話，你最想跟他說什麼話來鼓勵他？

_____

_____

生命教育融入國文科教學～～生命的勇者

影片欣賞——人間菩薩：黃河灘上的希望小學（片長45分鐘）

一、班級：＿＿＿＿＿　座號：＿＿＿＿＿　姓名：＿＿＿＿＿　得分：＿＿＿＿＿

二、影片簡介：

（一）地點：在河南黃河灘邊的「馬野庄」。

（二）人物：馬文仲（殘疾）、谷慶玉老師。

（三）事件：全家人克難興學，造福鄉里。

（四）價值：無私奉獻，大愛的故事。

三、佳言摘錄：

（一）馬父：誰這一生不是踩著坎坷走過來的。有些人生來就像壩頭，這就要承受比一般人更多的打擊和磨難。既然老天爺把你生來就是壩頭的命，那就要挺住，就像壩頭一樣，堵住洪水的衝擊啊。

（二）谷母：他是個殘疾人，日子不好過，夠可憐。你要善待馬文仲一家人，不要對不住人家。

（三）谷父：不論做什麼事都要往前走，不要回頭。

（四）學生：谷老師就是奇蹟。

（五）慈濟人：菩薩不是供在廟裡的，菩薩在人間，他們幫助那麼多的孩子唸書。

（六）谷慶玉老師：我們的愛情是寄託在學生身上，學生是我們的精神支柱。

（七）丁丹妮（飾谷老師）：我被他們的行為所感動，他們都是很善良的人，活著不是為了自己，而是為了他人，而且是不索取報酬的。

（八）導演：拍他們的故事是為了講述「愛的故事」。

（九）馬文仲老師：她（谷老師）生活中沒有自己，處處為別人想。她善良的心、耐心、毅力時時感動我，激勵我，戰勝自身的病痛，面對挑戰。我們是幸福的一對，也是悽慘的一對。儘

管也受了很多苦，但是值得，無憾了。感謝這美好的人間吧。
四、空谷跫音：

馬文仲老師決定當一名教師，是因為他希望趕在生命結束前，為這個世界做一些有意義的事，證明自己宛如曇花一現的存在。～～時間的流轉，這裡會培育出愈來愈多的學生，但隨著時間的流轉，未來只有更艱難的道路在等著他們。但他早已為自己的一生下好註腳：

哪怕　我的生命短暫如流星　我也要像流星那樣　發出瞬間的光明
哪怕　我渺小的如一滴清露　我也要像清露那樣　璀璨晶瑩
我希望在歷史的長河中　能有我盪起的一圈漣漪
古老的大地上　能有我留下的一串足跡　這樣　我才會含笑離去

五、回答問題：

（一）馬文仲老師所罹患的是：□「進行性肌肉營養不良症」□小兒麻痺症。

（二）馬文仲老師的病是　□後天的　□遺傳的（母親）。

（三）醫生曾斷定馬文仲活不過幾歲？□二十歲　□三十歲。

（四）馬文仲老師決定當一名教師，是受誰影響？□母親　□父親。

（五）谷慶玉老師想家的時候，她會唱的歌是：□媽媽的吻　□遊子吟。

六、心得分享：

（一）影片中令你印象深刻的一句話是？理由是？

_____

（二）你從馬文仲老師身上看到或學到什麼？

_____

_____

（三）你認為谷慶玉老師所代表的意義及價值是什麼？

_____

_____

（四）請寫下你的感動與省思：

_____

_____

（五）請介紹你的心目中的「人格典範」人物，並說明他（她）對
自己生命所產生的影響。（古今中外均可）

_____

_____

（三）大家來找碴～搶答活動

讓我們一起來努力「看清楚，寫明白，錯別字不要來！」這是身為國文老師的我，被同學「錯字連篇」整慘之後（相信嗎？改錯別字改到手軟），要對同學提出嚴正抗議，並且大聲疾呼的～～給我正確的字詞，其餘免談！

以下這段文字，有許多錯別字是同學常寫錯的，歡迎大家一起來「找碴」！

「人非聖賢，孰能無過？由其是學生，雖然以經不是小朋友了。平常沒時間讀書，考試之前，考前又不準請假在校K書，所以考試的時後，為了成積好看，只好作幣。學生的辛苦雖然另人同情，但是終就是不對的。必竟身為學生，因該要有『人格至上』的關念才是。難到沒有其他辦法可想了嗎？但願同學知錯能改，從新開始，千萬不要在犯同樣的錯！」（答案請參考文末所附解答）

●●●────────────

註：「大家來找碴」之解答如下：

尤其　已經　不准　時候　成績　作弊　令人同情

終究　畢竟　應該　觀念　難道　辦法　重新　再犯

影像・文字變變變

杜凱薇　臺北市立內湖高級工業職業學校

　　語文教學中，不外乎聽、說、讀、寫的訓練，而在現行教學現場，十之八九多著重在讀和寫的部分，教育單位提倡閱讀的風氣下，大部分學子閱讀能力有明顯的提升，但在聽、說、寫這三方面，有沒有更多突破的可能，故思考之下，激發出一些教學點子，在此分享課堂操作情況。

一、文字閱讀V.S.影像閱讀大PK

■ 活動目的：測試學生文字閱讀能力或影像閱讀能力何者較占優勢
■ 操作模式：
PART 1　「影像閱讀」操作

　　1. 教師可選擇一部5分鐘以內的影片，最好是學生沒看過的，也不一定是文學性的，乃為摒除測試者國文程度高低的因素，單純為了測試其閱讀能力或聽力。

　　2. 個人偏好「腦補給」網站上的影片，因為其標題有趣、吸引人，影片內容也具知識性，姑且不論其內容的可信度，只揀選作為施測的題材。影片可由YouTube下載，取得方便，容易下載。

　　3. 下載YouTube影片方法有很多，個人覺得最方便的方式是：只要將找到影片的網址刪除「ube」三個字母，按下enter鍵，就可下載成MP3或

MP4的檔了。不須安裝任何程式，也不用跳到其他網頁，實在便利。

如：在YouTube搜尋影片「5個全世界只有5%的人有的超級特徵」

網址https://www.youtube.com/watch?v=OzN_7nwKY-s&t=148s

直接在https://www.youtube.com/watch?v=OzN_7nwKY-s&t=148s中，刪去「ube」，按enter鍵，就可看到以下畫面：

按下此處，就可輕鬆下載想要的影片。如上列圖片所示。

4. 教師可先行設計三到五題的選擇題型的題目，以方便立即檢測結果。

5. 影片播完，教師直接口述所設計好的題目，要求學生寫下答案。

PART 2　「文字閱讀」操作

6. 教師將所找到的影片，改寫成文字稿，再利用PART1中設計的三到五題的測驗題列出，亦即一般紙筆形式的閱讀測驗。

7. 留意依文本字數的多寡，以利設定其作答時間。以中學生的閱讀速度要達每分鐘500字至600字為標準去訂定，閱讀障礙者一般一分鐘是未達300字，故教師可以此數據去設定作答時間。

8. 教師公布答案，再引導學生檢視測驗結果，並分析其結果的可能原因，或其對結果的反應等對此測驗的回饋。

9. 教師總結，並說明測驗的目的。

（一）範例

影片：「5個全世界只有5%的人有的超級特徵」https://www.youtube.com/watch?v=OzN_7nwKY-s&t=148s

PART 1　測試自己 影像閱讀 能力指數是多少？

▲請觀看所播放4'20"的影片，影片播放完仔細聆聽到的提問，再將答案填入下列空格中▲

1	2	3	4	5

翻到背頁　測試自己 文字閱讀 能力指數是多少？

開始計時：＿＿＿5分鐘＿＿＿

PART 2　測試自己 文字閱讀 能力

　　每個人一出生就存在各種與眾不同的特徵，因為每個個體都是獨特的，因此其身體構造都與別人有些不一樣，可是有一些人身體上的特徵卻是非常罕見，幾乎在一百個人身上僅五個人才有的超級罕見特徵，下列將介紹全世界只有5%的人有的超級特徵。

　　首先是耳前廔管（preauricular fistula），就是在耳廓上方和臉交接處有一個小小的洞，像穿耳洞留下的痕跡。這個小洞名為先天性耳廔管，最早是1864年學者霍伊辛格（Van Heusinger）提出，發生的原因可能是遺傳，也可能是偶發的。科學家蘇賓（Neil Shubin）猜測，耳朵上的這個小洞也許是魚鰓的「演化殘餘物」，但尚未獲得科學證實。臨床上這個小洞相當罕見，最常出現在耳前，其次是

耳廓上、耳廓內甚至耳垂附近，大部分為單側，約有四分之一到一半的患者為雙側。在臺灣的發生率大約為2.5%，全世界只有5%的人有。這個小洞本身不會傷害健康，但易受感染，情況嚴重，才需要接受手術，否則它的存在，完全不會影響你的生活。

其次是「掌長肌」，是肘部到手腕的肌肉。這條肌肉在長期抓握時，可以防止手掌側的血管神經受到壓迫，因此對於垂吊或攀登起了非常重要的作用，隨著人類演化，現代人手指愈來愈靈巧，這條肌肉也逐漸退化，甚至完全消失。要測試自己是否尚存在這條肌肉，只要將手臂放平，掌心朝上，小拇指和大拇指緊密貼合，手腕慢慢抬起，手腕中間的韌帶顯示出來，看到一根凸起的筋，這就是掌長肌，也就代表你是少數具有罕見特徵的人。若沒有也不用擔心，因其已不具早期功能，只是外科醫生在遇到病患肌腱缺損時，將之視為移植重建手術的寶貴來源，因此「掌長肌」又被稱為「祖先遺留的禮物」。

第三是黃金血型，我們所認知的血型不單只有ABO三種類型，還有「RH系統」。ABO血型由紅血球膜上的不同抗原所決定，即帶著A抗原的稱為A型血，帶有B抗原的稱為B血型，而不帶A、B抗原的則為O型血，而「RH系統」主要指人類紅血球表面有無RhD抗原：Rh＋，稱作「Rh陽性」、「Rh顯性」，表示人類紅血球有「RhD抗原」；Rh－，稱作「Rh陰性」，「Rh隱性」，表示人類紅血球沒有「RhD抗原」。然而在1961年科學家卻發現了一種「Rh-null」血型，就是紅血球細胞上不帶有任何RH抗原的血型。根據國際紅十字會於2010年的調查，全世界已知的Rh null血型僅43人。每200萬人中只有1人，其稀少程度被法國巴黎免疫血液學研究所長稱為「黃金之血（golden blood）」。持有者通常有慢性貧血的症狀，加上血型難以配對成功，在急救輸血上也提高了不少難度。在這43人之中只有9名將自己的血液捐出來供醫療研究使用，目前都被慎重的保管在英國血液實驗室中，希望在未來研究中可以為這些黃金血液的人帶來治療妙方。

第四是「雙睫症」，擁有雙層眼睫毛，是一種非常罕見的基因疾病，稱為先天型睫毛發育異常，可能為顯性遺傳。當女孩子們正

在美妝商店買假睫毛來裝扮時，世界上正有5%的人為這種雙層睫毛而煩惱，如好萊塢明星伊麗莎白泰勒。若其睫毛長得太靠近眼角膜時，易造成睫毛倒插，因此須要經常修剪睫毛。

最後是「嵌合體」，是動物學的一種特殊現象，指動物的兩顆受精卵融合在一起，生為一個個體並成長。希臘神話中有一種獅頭、羊身和蛇尾的吐火女怪，名叫凱米拉，就是這種嵌合現象（Chimerism）。當人體身上存在另一套的DNA時，就會發生這種情況，最普通的狀況就是身體部分顏色不一樣。有基因嵌合的人皮膚可能會像馬賽克磚一樣顏色不同，也有的虹膜異色症，但也有可能完全沒任何跡象。基因嵌合並不危險，但易導致家庭危機，曾經有母親差點失去自己的小孩，因基因報告顯示小孩和父母完全沒有血緣關係。（共1405字）

（　）1.影片中提及了五個全世界只有5%的人有的超級特徵，<u>不包含</u>下列何者？

(A)掌長肌　(B)先天性耳廔　(C)雙睫症　(D)Rh陽性血型

（　）2.當你手臂放平，掌心朝上，小拇指和大拇緊碰一起，手腕抬起時，手腕中間出現的一條的韌帶，其作用或形成的敘述<u>錯誤</u>者：

(A)在媽媽肚子裡的胚胎即形成　　(B)可增加其爬樹的功能

(C)大多退化是多餘的肌肉　　　　(D)可藉由手術移除

（　）3.希臘神話中有一種獅頭、羊身和蛇尾的吐火女怪物，即片中提及的五個全世界只有5%的人的哪一種特徵？

(A)耳朵上有洞　(B)有兩層睫毛　(C)和父母不同DNA　(D)具有黃金血型

（　）4.下列有關血型的敘述正確者為何？

(A)A型血的人紅血球帶有A型抗原　(B)B型血的人紅血球不帶有B型抗原　(C)O型血就是具有A和B抗原的血型　(D)Rh-null血型的人紅血球帶有D抗原

（　　）5.片中對於黃金血型的陳述正確者為何？

(A)屬於血型為RH系統的人　(B)目前在法國著手相關研究　(C)全世界僅有9名具此血型　(D)又有陽性和陰性血型之分

檢測結果：請依自己檢測結果勾選

影像閱讀					
時間：4'20"					
能力指數	答對1題：20%	答對2題：40%	答對3題：60%	答對4題：80%	答對5題：100%
文字閱讀					
時間：4'					
能力指數	答對1題：20%	答對2題：40%	答對3題：60%	答對4題：80%	答對5題：100%

★你的回饋

你發現了什麼？你是世界上那5%的具有超級特徵人嗎？還是你原以為自己聽力很好呢？還是原來閱讀比聽力容易呢？或者不是聽力的問題，而是專心度的問題？還是你是都很厲害的人？請你寫下這測驗的發現和感受吧！

★這堂課目的

這篇文章或影片都不是文學相關內容，但卻足以影響到你學習其他學科上，所以，閱讀是需要訓練的，而首先必須先訓練你的聽力和專注度。

（二）學生結果及回饋

1. 大部分學生原以為自己的聽力比閱讀好，但測驗結果顯示：「文字閱讀」表現能力比「影像閱讀」佳。

2. 有些學生分析自己到看影片時，若專注力不夠，則答對的題數少，但文字閱讀上，因可反覆檢索文本，故閱讀能力表現較佳。

3. 學生也反應一點，值得留意的，若已先看了影片則對文本已有印象，故在測試「文字閱讀」的部分作答和閱讀速度上就提升。

4. 這種課堂很有趣，比單獨作閱讀測驗效果更佳。

（三）教師省思

1. 教師可藉此活動及學生回饋意見，以利了解班上學生學習能力趨向和原因，可作為教學活動上調整之參考，也可藉此訓練學生在聽力上的專注度。

2. 教師可能要再考量操作次序，若先作「文字閱讀」再作「影像閱讀」，可能又會影響測驗結果。

3. 影像閱讀的試題若屬於檢索訊息的題目，則學生普遍答對者多；若須再推論比較的題型，則答對者就較少。此可作為出題方向參考，可就評量目的而設計欲著重點。

二、不只是看影片

聽力測驗的訓練，實可在平常的課堂中進行，如教師在課堂佐助的影片，可依前項影像閱讀的設計理念，在影片播放後加入提問或測驗題。

（一）範例一

〈臺灣通史〉一文介紹連橫時，可截取「台灣演義」的影片內容，再設計聽力測驗題目，所花時間仍在五分鐘之內，可立即驗收檢測結果。

影片：https://www.youtube.com/watch?v=yz9vGzRb3rI

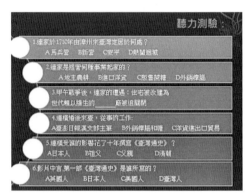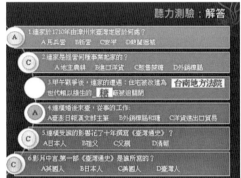

（二）範例二

〈北投硫穴記〉一課，可藉由下列兩個前導活動，帶同學進入三百年前臺灣的樣貌，並使學生對於臺灣早期開發的情況有深刻之印象。

影片：用動地理的方式來說明古書的內容。廖振順製作。／約七分鐘
https://www.youtube.com/watch?v=lcMntFlk6LU
操作說明：

1. 教師可先將班上學生分組，在播放影片時，要同學專心聆聽，依影片內容記上郁永河來臺的主要地點，及相關內容的補充，如地理形貌說明，或沿途所見番人的形容。（地圖、地點、或相關內容可先印出給各組，再就所聽到影片內容，依序貼在地圖上）

2. 若未分組，則可採學習單題目的設計，可依教師之時間安排，酌

以揀選題目。

聽力測驗

★請仔細聆聽觀看影片中介紹的文字，並回答下列問題：

1. 渡海來臺取硫任務的誕生，主要的原因是什麼？（答案：福州火藥庫發生火災）

2. 當時渡海來臺，人人視為畏途，但何人因酷愛旅遊，將此任務視為大好機會？（答案：郁永河）

3. 採硫的時間約為何時？（答案：清康熙三十六年，西元1697年）

4. 渡海來臺行跡：出發點：（答案：福州）→泉州→（答案：廈門）搭船，因無風在（答案：遼羅）今之金門暫停渡過紅水溝、（答案：黑水溝）→澎湖→鹿耳門

5. 郁永河對臺灣府社會上的什麼景象，相當驚嘆？（答案：路不拾遺，夜不閉戶）

（　）6. 下列何者不是郁永河在鹿耳門所見的景象？
(A)濱外沙丘　(B)漁舍　(C)小船　(D)番人

（　）7. 影片中對「番人」的敘述，何者正確？
(A)新港到麻豆社的番社環境髒亂，蚊蟲孳生　(B)柴里社的番人全身刺青，有大耳朵　(C)大肚社以北，番人的面貌逐漸轉為醜陋　(D)番人中的婦女脖子上掛著鑲嵌著海螺的項鍊

（　）8. 下何者非郁永河行經所見的景象？
(A)牛罵社房子矮小且相當潮濕　(B)大肚社野草與人的肩膀同高　(C)中港社馴養馬匹為陸路交通工具　(D)竹塹社到南崁社一帶人煙稀少

（　）9. 由影片中得知採硫之驚，未包含何者？
(A)地震　(B)疾病　(C)颱風　(D)暗箭

（　）10. 下列何者不是郁永河採硫前所採買的東西？
(A)布　(B)鹽　(C)油　(D)糖

三、由近體詩的擴寫，訓練文章結構書寫

統測作文的評分規準採三等六級制，依內容、組織、語言三個面向進行評閱。本校學生在結構組織上表現較差，往往全文銜接性不足，各段顯得獨立而分離，造成文章不連貫，即便學生都知道「起、承、轉、合」四段式結構，但仍不太清楚如何安排。為此想出一個訓練結構書寫的方式，即以近體詩中的絕句或律詩為例，將一句詩或一聯，擴寫為一段文字。因近體詩中四句或四聯中，具備此「起、承、轉、合」之結構，又詩中有很多寫作手法可以模仿，故可以此來訓練文章結構的書寫技巧。

範　例

操作說明：

1. 教師可先說明近體詩結構

「**起**」，乃指詩中的第一句，或第一聯，首先留意起句或起聯，有定調的作用，因此比較有不同的變化，然其中有幾種技巧，可以先作說明，讓學生習得模仿練習。

(1) 「明起」式，第一句即直接點題，如：王維的〈山居秋暝〉首聯「空山新雨後，天氣晚來秋」，即以「空山」、「晚來秋」直接點題。

(2) 「反起」式，起句不由題面正說，由反面著筆。如：楊萬里〈傷春〉，起句「準擬今春樂事濃」，題目為「**傷春**」，起句卻言「今春**樂**事濃」。

(3) 「興起」式，即《詩經》的起興，朱熹《詩集傳》所言：「先言他物以引起所詠之辭也。」即先說其他事物，再說想說的事物，或由心中感懷，以引出本意。如：李頻〈渡漢江〉起句「嶺外音書絕」，題為「渡

漢江」但先就旅居在嶺外音訊全無的感懷寫起。

　　了解這個起句的變化，就依此來仿照來書寫文章開頭的第一段。

　　「承」，指絕句中第二句，或律詩中第二聯，其作用就是在使文氣流暢，承上啟下。「轉」，指絕句中第三句，或律詩中第三聯，是全詩最著力之處，也是文章的關鍵，具別開生面之境。「合」即絕句中第四句，或律詩中的尾聯，要扣合主旨，具收束的作用。

2. 選一首詩作示範

　　以王維〈相思〉為例，「紅豆生南國，春來發幾枝？願君多采擷，此物最相思。」

　　這首詩大家耳熟能詳，故可以此為例，若學生程度為中下的，僅須將詩中四句，一句依照原意，鋪設情境，擴寫成一段。這樣的練習，學生只要學習擴寫，不用苦思各段要寫什麼，有點像翻譯練習，但要求預設情境。如：第一段藉物起興，由「紅豆」引出了相思的主題，而「南國」更點明了所思念之人的所在地。抓住了這些訊息，也是第一段要書寫的重點了，故可善用描寫方式，特寫南方國度那顆相思子，亦即紅豆的別稱，鮮豔如火的色彩、堅硬如石的果實，引導學生由外在形象比喻，「一顆紅豆如同一顆熱情如火的心，其堅硬如石如一份堅定不移的情感，在遙遠的南方國度不斷的牽引著我」。第二段「承」即扣住第一段的紅豆再進一步點明季節，「一年又逢春，你我相別的時間，悄然無聲一年又過了一年，不知南方國度的紅豆，應也是春意昂然、充滿蔥郁生機吧？」這也預言自己思念的蔓延。第三段「轉」，轉到了「君」點明了思念的對象，以此敘寫出思念人的形象，或去鋪設那段相遇的情景，或分別時的情境，藉由摘採的行為來傳達這份相思之情，故第四段文字，很自然就縮合了紅豆和相思之物。

若程度中上的同學，隱然已懂得「睹物思人」，可抽換物品，由「紅豆」抽換成「仙人掌冰」；「南國」抽換為「澎湖」，如此更符合其生活經歷和情境，則同樣的段落結構安排書寫，如此訓練作文的方式，可收到學生作文各段較有連貫性之效。

學習
推手

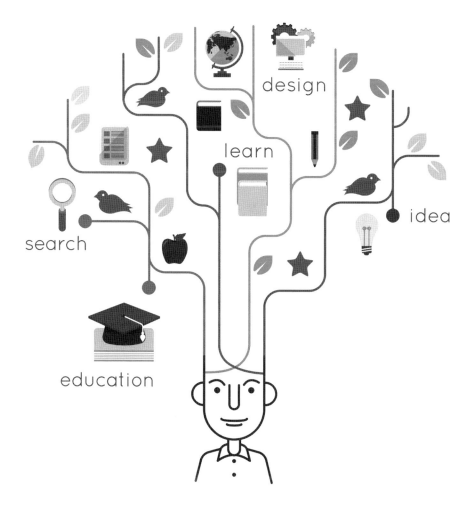

由「即讀即誦」的漸層式教學法完成108課綱的定位目標——以〈長干行〉為教學示例

林淑芬　臺北市立大安高級工業職業學校

一、前言

　　十二年國民基本教育課程綱要主要在培育學生成為終身學習者，核心素養在於具有「自發」性學習能力與態度。更希望在領域課程實施中，強調自主學習、「做中學」實作體驗與專題探究等，以激發學習動機與熱情。

二、教學設計理念

　　（一）自發：教師的課程設計，宜創造出每個學生能夠自主行動的模組操作條件，使學生在按部就班的流程中，增加自發主動的參與信心，不再是被動的等待、承受。

　　（二）互動：以漸進式的建構課程發展之同儕關係，透過指定或自定等不同角色、分組活動，刺激個體之間交流與互動。

（三）共好：累積小組互動的成就感後，打散小組的區隔，增加全班流動性的交流合作，提高「自助助人」的互助信心，創造信任與相互成就的支持性實踐作為。

三、教學設計

（一）自己的理想自己圓

默寫是國文課重要的考試內容，卻一直被冠以「無聊、無用、無趣」的負評，筆者堅持主張「默寫」才是自主學習的基礎能力，在明確的理想驅動中，設計與檢核教學設計，也更符合「自發教學」的核心主張。

（二）進度的課程包裝與教學配套發展成果

106學年度，筆者擔任高一的科任教師，每一次期中考都有二課文言文。以建立「學習鷹架」的方式開展課程，以教學進度包裝層次設計，如此不僅可以融合進度，也可以在每次期中考的客觀考核中，檢核與調整課程設計與發展。

1. 第一次期中考：教學進度是「世說新語選→師說」

建立高一生學習鷹架是必要的，以「師說」進行文意的學習理解，建立初步學習基礎，再加上朗讀的課堂複習，學生的默寫意願與能力也紮下很好的基礎，在第一次期中考中，四個班級的默寫完成度，均達到精熟85%以上，但是考試的頻率很高，幾乎每節都在考默寫，老師付出的心力與時間也相對得多。

2. 第二次期中考：「長干行→桃花源記」

老師由主動考試的角色改成課程引導者，增加學生在課堂中的自發學習力，以聲情教學模組建立了學生「快速記誦」精通術，這一課，成了活絡班級熟悉力的核心教材。

桃花源記是背第二段的對話，學生也在分組活動中，完成了四人互相背誦的活動，這次的期中考默寫，教師的考試少了一半，學生的期中考完成度，一樣是85%以上。

3. 期末考：「廉恥→左忠毅公軼事」

從廉恥開始整合這學期的記誦成果，需在時間的限定中，完成即讀即誦的成果。學生因為全文文本的精熟記誦中，對於文意的理解更深刻，教師可以在不同文本教學中，進行「高層次」討論教學，不再侷限於教師單方面的知識教學，學生已能在情意與技能上，增加人文素養的價值判斷與口語交流，流暢的語文表達與應用。

4. 下學期的「補課日」：記誦「師說」全文

三天的「下學期補課日」，設計「闖關背師說」的活動，將師說分成五段，並請十位小老師擔任五關的嚴格關主，每個人需一關一關的找關主背書，不限次序也沒有很多的闖關規則，惟一的要求就是關主要很嚴格，不可以放水，兩位關主要互相監督，全班同學也不可以為難關主。

原先在課程設計時，尚擔心一節課時間不夠，都是安排兩節相連的課程，沒想到，四個班都在一節課「全班完成」，而且流程非常順暢沒有任何爭執，也沒有吵鬧聲，全班在「自發、互動、共好」的情況中，完成了師說全課的背誦。預期的教學特色：精英表現、合作學習、補救教學、全面互動的多元評量效益教學為上學期的圓滿教學畫上了最好的印記。

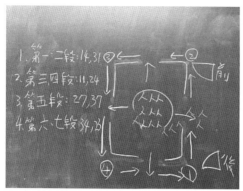

▲小老師的闖關設計

▲關主的提醒與同儕快樂有序的參與

▼安靜熱絡的自主學習1

▼安靜熱絡的自主學習2

四、實施流程

（一）不同期程目標的實施流程

期程＼方式	口頭朗誦（自發）	互相背誦（互動）	小老師各立山頭（共好）
短程	全班性琅琅上口	建立學習夥伴	強化「學習優勢」自信
中程	運用聲情強化記憶	強化良性競爭學習關係	建立「差異化」學習成果
遠程	善於記憶、活化想像	善於運用生活資源	善用優勢力爭成就

（二）教學示例

1. 範文：長干行

依流程與文意，先講全課文意與層遞法，確立時間軸的流程。並將全文分成六段：

(1) 童年期：妾髮初覆額，折花門前劇。郎騎竹馬來，遶床弄青梅。同居長干里，兩小無嫌猜。

(2) 新婚期：十四爲君婦，羞顏未嘗開。低頭向暗壁，千喚不一回。

(3) 幸福期：十五始展眉，願同塵與灰。常存抱柱信，豈上望夫臺。

(4) 離別期：十六君遠行，瞿塘灩澦堆。五月不可觸，猿聲天上哀。

(5) 思念期：門前遲行跡，一一生綠苔。苔深不能掃，落葉秋風早。八月蝴蝶黃，雙飛西園草。感此傷妾心，坐愁紅顏老。

(6) 行動期：早晚下三巴，預將書報家。相迎不道遠，直至長風沙。

2. 教學發展

(1) 教師要確立「明確的流程」：以明確的教學目標 —— 快速的記誦、小老師群的培育、全班在一節課中的檢核確認。

(2) 翻滾式教學法：要求學生利用「朗讀法」，以音聲建立記憶連結，在反覆操作與檢核中，讓學生熟悉學習模式，並在成就中建立學習自信，增加自主學習的正向學習態度，建立全班同儕支援、共同參與學習的學習氛圍。

3. 實作檢核歷程說明

(1) 口頭記誦法

01. 教師要求學生在多次的分段朗讀中，相互背誦，以求口頭熟練。

02. 教師選最快的五名學生為小老師，請學生自行找小老師完成全課的背誦，藉此快速有效的完成記誦，且使全班參與學習。

03. 時間的預計很重要，可以使教學流程中，快速有效的完成工作。預計15分鐘，全班可以背誦完畢。

04. 教師下課前要確核全班的完成狀況。老師收錄小老師考核過的名單，全課由教學→全班口頭記誦，在兩節課如期完成。

05. 「補救教學」沒有通過的學生，開具名單另確立時間，找小老師分組背書，進行補救教學。

06. 全班默寫檢核：再找一個共同時間，進行全班默寫考核。期中考前二週，沒有再進行「手寫考試」。

(2) 有特殊質性或跟不上進度的孩子多會找老師背誦，教師可以增加「個別補救教學」的當下指導，成效非常理想，有益於全班的記誦成果。

(3) 教師在教學的歷程中，能夠感受到「全班專注投入學習」正向能量，有助於教師的增能。

（三）學習成果的延伸學習

1. 由解說到記誦，進行每個段落的「即教、即誦」

2. 進行「手寫默寫」檢核，錯5個字以上即不通過，由小老師進行補考

3. 以期中考的默寫成績作為教學成果的考核

(1) 四個班的默寫成績平均，四個班的平均成績分別是：11（92%）／10.7（89%）／10.2（85%）／9.8（82.5%）分，成果極令人滿意。

(2) 各班的默寫成績，相較第一次期中考的大量手寫複習考試而言，並不分上下。

(3) 老師免除考核角色，有利教學互動，增加思辨與分析的高層次語文教學。

4. 延伸作文教學

長干行教學完後，設計寫作課程，深化學生學習成果的自我檢核，寫作題目是：「背書」

★學生1：（學習收穫：自發性的探索）

背書，對大家來說是痛苦、耗腦及耗精力的事情。沒想到今天在背書時，我竟然用老師的方法背出來了，而且比死背還背得好很多，讓我自己嚇一跳，原來自己還有技能沒有開發，這讓我好奇還有什麼背法還沒去探索呢？

★學生2：（學習收穫：自發性成長的信心）

背書對我而言是一件難如登天的事情，看到了其他同學都背得很快，甚至可以一口氣背完，他們都給了我一些莫名的壓力，使我愈來愈慌張了，讓我又有了我以前那種害怕的感覺，但是經過這幾次的訓練，我都一直告訴自己不要去跟別人比，只要跟自己比。在背書這件事上，比起我之前有很大的進步了，我覺得自己還有很大的進步空間。

★學生3：（學習收穫：自發性與互動性的觀察與共好成長）

「想像力就是你的成就力。」有段耳熟能詳的廣告是這麼講的。背書是如此的死氣沉沉，難道也有引人想像的一面？我看著同學們如何對付一首「長干行」，答案也呼之欲出。

有的人利用諧音記憶法，或一次「豔遇」，或一聲「三人」，一篇浪漫的長干行，在想像的惡作劇之下變得極富趣味；有的人使用情境記憶法，浪漫的人背成愛情故事，變態之人背成聲色小說，根據不同人的內在，也會出現不一樣的情境變化，令長干行的豐富感情添上了一筆色彩。多少學生希望有把書快速背好的超能力，卻忽略了運用一點想像力，使得文章變更風趣也更容易背，也許再次看到這篇文章時，會有令人會心一笑的感觸呢！

★學生4：（學習收穫：自發、互動性的情意發展）

四歲到十六歲的我們，過得自由自在，但長干行詩中女主角卻是經歷愛情中大風大浪。童年無嫌猜到十四歲，十年之中塵與灰的存在，君遠行的挫折，磨練出堅強的心，以行動彌補人生中那一份缺口。我雖然背不出詩，卻深深感受到從得到失之中淬鍊出的堅強。

背詩過程中，周圍同學一位又一位的通過，雖然半小時努力的成果，也不過是分段完成，也許是詩中文字過長，或文中女主角在愛情失去的衝擊，有著相同共鳴，這份共鳴雖與愛情無關，卻深深反應出從得到到失去再以行動追尋時的心境轉變，詩中情感變化在腦中交織使我沉浸其中，無法專心完成背詩，卻隨著主角的情緒流轉。其實與其死背，不如體會文中另類經歷。

★學生5：（學習收穫：互動情境的成長）

在今天的課程中，老師一時興起，在短促的時間下要求大家把長干行背誦一遍，當下，除了哀嚎四起外，望著眼前同學認真的面容，彷彿走入快樂又充實的時刻。高中凝重的課業下，諸如此類的方式學習、背誦，是一種至高的享受，在短期內忘去課業的繁重，再次沉醉於背誦的樂趣中。雖然內容有些冗長，但在同學有趣的言行下，我仍然「順利」的達成了這看似艱難的任務。在時間的壓縮中，雖然只是勉強記下，卻也是對自己的一大突破，不必再耗費大量的時間，而是又快又深刻的記憶。

★學生6：（學習收穫：自發性的技能與態度發展）

背書，於我而言往往是困難的，是掙扎的。只是琅琅背書聲是一個方向標，指向得分的捷徑，在今天這樣的環境之下，我覺得聽見自己的聲音，尤其重要，為什麼重要呢？其一，背錯了自己能感覺到；其二，是一種自信的培養，每背一次就如被驗收一次。在班級裡，背書，幻作一種競爭，反而帶給我投入的動力，在段落與段落之間享受攻城掠地的快感。

仔細探尋字裡行間的意義與連繫，我想這才是，我們真正的學習目的所在，當我欣然接受背書的當下，我才發覺，長干行、廉恥與我的連結，在明朗、通順的文筆之下，暗藏著我寫作的汙點。要我自此學習，從而進步，背書才不是徒勞。

五、教學檢討

　　教師以進度教材為設計素材，以語文成就為小目標，漸進式的設計課程發展活動，逐步的建立學生的「能力架構」，讓學生在不斷的操作中熟悉流程，紮實不同層次的語文基礎能力，教師可以循不同的進度，繼續發展更高層次的語文能力，也可以使學生在學習中，發展自我的學習能力、信心、人際的發展。

　　在一連串的彈性、活力、多元、適性、素養導向、連貫統整的學習鷹架中，學生的能力不在只是默寫，而是兼有口語表達、傾聽、討論、合作學習、自發學習等人文素養的發展。當教師具備清晰的課程架構，便能從學生的學習成果中，全面性的檢視並調整課程的發展與實踐。

觀見・關鍵——關鍵字教學的歷程分享

柯貞伊　國立花蓮高級工業職業學校

　　2012年親子天下雜誌「學習的革命」專題指出，臺灣教育刻不容緩的問題在於「搶救無動力世代」——時隔五年，我們歷經日本東京大學佐藤學教授的「學習共同體」、中山女高張輝誠老師的「學思達」、爽文國中王政忠老師的「MAPS教學法」、臺灣大學電機系葉丙成教授的「翻轉教育」等教育浪潮洗禮，身為高職第一線的國文科教師，面對新課綱所帶來未知的挑戰、明確的壓力，我們都想改變、都想繼續搶救仍然無動力（上課發呆、偷玩手機、不小心就睡著了）的世代，但正如莎士比亞說的：「To be, or not to be, that is the question.」我們應該怎麼做，才能實踐〈師說〉中所建構出理想的學習風景？

　　敝人試圖在傳統講課內容的模式以外，另闢一條以「關鍵字／詞」為重心的教學法，做為教師教學方式改變的起點，教學夥伴與受課學生的建議做為改變中提供善意的雙眼，讓師生互動、現代化科技平臺都成為教師教學集思廣益的教育活泉，期許這個以「關鍵字／詞」為出發點的教學目標，能成為孩子學習國文並運用於生活當中的「關鍵素養」。

　　各校學生情況不同，本教學策略與流程試用於花蓮高工（以下簡稱「敝校」）高一學生時，頗有成效，因此推薦給與敝校學生上課狀況相近

的先進試用之。

一、適用學生條件分析

本次教學方法以敝校學生為對象。敝校學生學習國文之SWOT分析，結果如下表所示：

	Helpful 對達成目標有幫助的	Harmful 對達成目標有害的
	Strengths：優勢	Weaknesses：劣勢
Internal 內部 （組織）	1. 可塑性佳 2. 學生心態不功利 3. 生命經驗多元	1. 學生背景知識薄弱 2. 學習動機、意願低落 3. 信心不足 4. 過去學習經驗不佳 5. 程度落差大（A～C在同一班）
	Opportunities：機會	Threats：威脅
External 外部 （環境）	1. 現今國文試題題型不侷限於課內，較活潑 2. 可用媒材增加 （小白板、手機、軟體……）	1. 依賴3C產品 2. 家庭功能不彰（晚上打工、家庭不重視學習） 3. 教學進度與教學時數不足 （花蓮高工：3堂／週）

當學生基本能力落差極大的現象可能成為行之有年的常態，改變策略，才能在課堂中，滿足能力強弱兩端的學生。在網路、3C產品等強勢的時代中，敝人觀察敝校學生使用電腦、手機的過程中發現，學生雖善於使用電腦與手機，但是許多人僅擅長於娛樂用途，真正需要查找資料的時候，由於缺乏擷取「關鍵字／詞」的能力，反而真的是耽誤了學習的機會。

因此敝人認為，將教學目標鎖定在「關鍵字／詞」上，能訓練孩子們在閱讀上的「基礎能力」，也不啻為新世代整合基礎能力與資訊能力之如虎添翼的良方。

162

二、「關鍵字／詞」的課文教學方法 （以〈師說〉為例）

敝人針對「關鍵字／詞」的基本教學模式，先以〈師說〉為本，簡說如下：

（一）教學目標：經由本課程之訓練，學生能獨立找出關鍵詞，並能寫出個人化的段落大意。

1. 認知：藉由找出關鍵字，確定自己理解文意。

2. 情意：理解文意後，能協助學生連結生活經驗。

3. 技能：從提取文章關鍵詞，訓練學生能寫出段落大意，培養明確邏輯思考能力做為發展作文架構的基礎力。

（二）課程選定：由於〈師說〉本身架構明確，又是學生在高一首次遇到長篇的文言文，若能在這一課訓練學生提取關鍵字詞的能力，相信可奠定學生的學習信心，亦有助於日後課程活動的推衍。

（三）教案示例：（節選教案第一段課文的部分）

■原文第1段

古之學者必有師。師者，所以傳道、受業、解惑也。人非生而知之者，孰能無惑？惑而不從師，其為惑也終不解矣！

（一）學生唸讀課文。
（二）教師講解課文。
（三）提示學生觀察本段文字形式上的特色：頂真。

| 古之學者必有師。師者 | 孰能無惑？惑而不從 |

（四）學生找出關鍵詞後，組合為段落大意：師＋惑
→老師就是解決疑惑的人。（鼓勵學生用自己的話說明）
（五）教師確認後即可請學生寫在課文上。

---

1. 教材設計流程：

    (1) 教師確認該段落所要使用的教學目標之檢索技巧。

    (2) 教師精讀課文，帶領學生劃分自然句。

2. 教學流程：

    (1) 學生唸讀課文。

    (2) 教師講解課文。

    (3) 提示學生觀察本段文字形式上的特色：頂眞。

    (4) 教師提問並引導學生找出頂眞關鍵詞，並提示組合字詞、提出文意。

    (5) 請學生書寫個人化段落大意於課本上備查。

3. 注意：重視學生擷取的能力展現，教師不提供段落大意的「標準答案」。

三、「關鍵字／詞」的課堂實施配套措施

    由於這樣的教學模式迴異於以往逐字解釋或白話翻譯的內容，因此，教師在第一次試用此模式之前，必須先擬定出教案（詳案）：一方面教師必須眞正放下過去受教師手冊（備課用書）所拘泥之觀點，重新深入閱讀該篇文章；另一方面，教師本則要清楚知道，教案只是教學的底本，教師在不同班級、不同節課的自我省思與學生反應都應該成爲下一節課程改進的焦點，教案本身應伺機增減各步驟比重、或增刪不同協助教材──唯有教師本身建立出清楚的邏輯，才能帶給學生「原來如此」的驚喜感，還能讓教師在現場感受到「就知道你（學生）做得到」的互動正向能量。以〈師說〉這一課爲例，不包括課後練習、隨堂測驗，敝人共執行5堂課（6段），在過程中藉由教師本身、學生（教師在課程結束後進行問卷調

查）、以及教學夥伴的對話，進行省思與調整後，試圖針對教學過程中教學現場的狀況提出可行的對應教材或措施，提供諸位先進參考：

（一）落實唸讀與預習

　　要求學生唸讀課文，除了讓學生藉由聲音培養語感，也是另一種在教師上課前讓學生先預習課文的機制。但學生初讀課文難免遇到生難字詞而挫折、致使朗誦意願不高，教師原本良善的用心，反而使同學覺得無聊、也會讓教師覺得不需再保留此一步驟，殊為可惜。因此，敝人針對此一教學現場的困境，配合關鍵字教學的目標所研發之學習單，對症下藥。經敝人及幾位教學現場的夥伴用於各式課文與不同性質的學生，發現皆能達到師生滿意的效果，建議想落實唸讀與預習之成效的先進可試用之。

教學現場遇到的狀況	教師的對應調整
學生在唸讀課文的時候專心度不夠，並非全班同學都願意跟著唸讀，甚至有同學會趁機滑手機、或做其他事情	教師在唸讀課文之前，再根據「關鍵字」教學的主軸，設計「課文填空學習單」

第二段：每字 10 分，用 100 分扣。　　　　　填寫日期：　月　　日

生	乎	吾		，	其			也	，	固			，
	；	生	乎	吾		，	其			也	，	亦		，
				。	吾			也	，	夫	庸	知	其	年	之	先
後	生	於	吾	乎	？		，	無		、	無		、	無		、
無		，			，			也	。

分數：

先寫課文填空學習單、再唸讀課文的結果

1. 寫課文填空學習單後，學生養成拿到學習單就開始翻開課本，練習寫課文重要字詞的習慣。（同時養成檢索資料的能力）
2. 唸讀課文時，較能順暢唸出語句（因為已有剛剛的紙筆練習），同時學生也已經藉由書寫、閱讀讓心靜下來。

（二）提高學生參與度與學習成效的輔助教材

　　除了傳統的教師講授、學生找資料、師生問答等課堂日常，教師如何在學生已預期的課堂中，製造出有意義的驚喜，實在需要 一番思考──除了上課的教學目標改變之外，還能不能讓學生多一點參與、讓學生多一點自我檢核的機會？或是有沒有不同的方式，可以測驗出學生的其他能力呢？敝人藉由不同類型的課文（包括說明文〈師說〉、樂府詩〈長干行〉、記敘文〈左忠毅公軼事〉），以「異質分組」為基礎，根據不同課文性質，漸次試驗不同的教學媒材與嘗試，表列如下：

以〈師說〉為基礎的教學模式，修正後的各項目活動對應與增加措施		
	長干行	左忠毅公軼事
學習共同體	教師設計「為李白開臉書」的活動，讓同學分組，並藉由分組活動，邀請導師進入國文課堂，一同欣賞同學表現，並參與評分。	1. 延續「為李白開臉書」的活動分組，進行分組的上課型態。 2. 給予大白板、分袋文具、各組資料袋，訓練學生互助合作。
關鍵字	1. 由於本段無法以「關鍵字／詞」的理念做填空學習單，因此本課不使用填空學習單。 2. 請學生在課本上劃分段落，引導學生發現本文以「年齡」為分段關鍵。 3. 請學生在上完段落後，說出這一段的大意。	1. 請同學做「關鍵字／詞填空學習單」，教師做完之後，發現「記敘文」的關鍵即為「人事時地物」。（學生也發現了） 2. 配合本課課文特色，在課文段落填空學習單下方，加入「還原省略主詞」的填空練習。
資訊運用	設計「年齡代稱／典故補充」的學習單，讓學生在上課運用手機上網查詢資料，不限定答案，教師從旁給予協助。藉以觀察學生是否能運用〈師說〉所建立的「關鍵字／詞」，在網路上查找出學習單所需的資料。	1. 課文教學過程中，請同學運用手機以及問題關鍵字查找成語、字義。 2. 藉由線上即時反饋平臺「Kahoot!」進行課文關鍵測驗，活絡教學現場。 3. 導入Google表單線上測驗功能，各段教學活動結束後，請同學在限定時間內完成測驗。

　　綜觀上表，敝人藉由將近三個月不同類型的四篇課文（〈師說〉、〈長干行〉、〈左忠毅公軼事〉、〈桃花源記〉）實際教學，並確實進行

滾動式修正，提出下列三點，或可成為教師教學過程中提高學生參與度與兼顧學習成效的補充教材之參考，如下所述：

1. 分組活動

教師應準備完善且數量充裕的材料：磁性軟白板要夠大、準備各組文具袋（內裝白板筆至少三枝、白板擦）、各組資料夾（裝有當節課所需文件）。

2. 配合課文重點，活用填空學習單（如上表示例）

3. 創造友善的資訊環境：讓學生的手機變成學生的上課好幫手！

教師可讓學生理解我們並不排斥手機，「如何善用手機是我們最想幫助你的事」，如此一來，與學生約法三章，讓他們有機會在課堂上大方使用手機，學生兼顧學習與樂趣，會非常有參與感。

(1) 設計需上網找資料的學習單

分組或個人皆可，但教師要注意，務必限定學生查找的時間。

(2) 及時反饋軟體「Kahoot!」的運用（課堂上）

「Kahoot!」是敝人用過目前為止最「好用」的教學輔助工具：教師設計題目方便、學生手機不需再下載APP，學生喜愛與參與度都很高。但教師施用時，必須注意設定的題項反應時間是否足夠、選項敘述必須扼要、玩「Kahoot!」的時間與題數都不要太多——好上手，而運用的方式不盡相同，必須經過練習才能找出最適合自己課堂的模式！（教師最好自己帶著手機，必要時可以開網路分享給同學，以免有些同學沒有網路而失去學習機會。）

(3) 設計Google表單線上測驗／問卷（課堂後）

教師可善用Google表單的多元功能，讓學生在手機上完成並繳交作業，同時藉由Google後臺強大的運算系統，協助我們立即檢視學生學習狀

況（也反應我們這堂課的教學成效），有效、也有效率。

四、結論

總結上文，敝人以花蓮高工高一學生爲對象的「關鍵字／詞」教學流程，是一套經由將近三個月滾動式修正後的教學流程，流程如下：

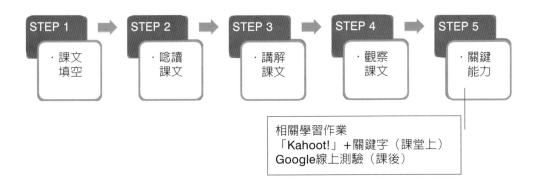

本文中所提供之教學心得，僅爲敝人管窺之見，必然有思慮不周或設計尙可精進之處，系列於此，總有抱愧不安之心。因此，敝人僅能期許自己日新又新，也企盼各方先進互相交流心得，共爲國文科教學盡一份心力。

五年前，教育界疾呼教師們「搶救無動力世代」，五年後，再端詳臺下「滑世代」的學生，身爲高職國文教師的我們，面對新課綱、學生程度落差更大的嚴峻挑戰，「搶救無動力世代」之外，或許可以用新的教學模式，找到「AI時代的生存方法[1]」。

● ● ●

[1] 賓靜蓀（2017年11月）〈在99種解方之外，找到第100種！思考力AI時代的生存能力〉，《親子天下》第95期。取自https://goo.gl/dFgHP8。

從教材裡的貶謫文學談黑特文化與法治教育

張素靜　臺北市立木柵高級工業職業學校

一、前言

　　學生升上高職，抱怨國文課裡的「之乎者也」密度越來越高也越饒舌，他們下課說、週記裡反應：「唉，未免也太多了」，還沒練就如何抵抗網路通衢世界無遠弗屆的魔力召喚，整群就被教科書強拉向范希文祖爺爺學習敞開心胸、放開眼界，大器的要為天下蒼生一股腦而憂呀樂的；才過半個月，無須任意門便能穿越時空安然就座，傻呼呼地一起聽了籍貫登記在蝦蟆陵的神祕女子的文字版琵琶曲，還在暈頭轉向師生已跟著醉翁峰迴路轉上滁州，急切切中人影一散亂立馬滾下山，風塵僕僕頗不爽快地跟著趕往黃州看小涼亭……學生不喘，老師都深感氣息難勻和。雖然平日課堂中他們常雲裡霧裡開小差，但這點應世的小聰明很不缺乏，很快地他們自己就歸納出課本裡的小祕密：哇，貶來謫去，古人真能跑啊！高職國文的特產根本就是貶謫文學！

　　然而對於這群少年十五二十時，涉世未深，閱歷淺薄，正確來說是未諳世道的青少年，對飽經風霜，個個一身「腥」「黑化」中年大叔開悟的苦水文，如何感同身受？實際能理解參透幾分呢？料想這層文化隔膜實在

太厚了。爲了讓學生明白國文是既實用又有趣的,進行〈漁父〉一文時,筆者設計體驗學習活動,透過小組討論搭配行動學習,讓這群被視爲3C原生族的學子透過場景轉換,體察與理解古代文人遭受「黑化」的悲哀與痛苦,對所謂的貶謫文學內涵能有深一層的感悟。

二、教學活動內容與步驟

首先,班上分成九組,各組領取小白板、筆與小板擦、學習單,依序拋出問題讓學生邊想想、邊講講:

暖身題

1. 穿越古今,「網謠」傷害有多深:爲什麼國文課本裡的古人總是被「黑」?各組討論讀過的作者,哪些生平曾受讒毀的毒害?如果古代有網路,這是否就是「網謠」?
2. 討論「網路霸凌」有哪些型態?

一陣七嘴八舌,各組很快就整理出答案,一致認爲這些古代作者被「黑」而遭貶放的理由:無非是小人陷害、官場鬥爭。列舉受讒毀的文人也立馬成串:大詩仙李白得罪了高力士、歐陽脩被誣爲朋黨、劉鶚救助災民也難逃不遭誣陷、柳宗元……。對比他們素日慣常昏昏然靜靜聽課,甫上課越討論越熱烈的氣氛,眞是天壤之別。果然可以「對話」(其實就是自由聊天),學生眞是開心極了,紛紛點頭認同古人遭「黑化」的程度,確實雷同開罪今日所謂的網軍、「網謠」殺傷。

至於「網路霸凌」的型態,白板雖小,有些組別還能圖文並茂、以表格展現專業感,分類提出(文字)謾罵他人、(影音)發不雅圖片或侵犯他人隱私照片、傳播不實謠言、惡意批評、影射他人,把某人踢出群組等

等，從各組答案可知網路原生族的稱號，並非浪得，各種網路凌人的惡行劣跡迅速一一舉證具體，不少人顯然是有深刻體驗的。

實作題（一）

　　找找各行各業，遭遇網路霸凌的相關新聞，將資料上傳到雲端平臺的群組發布。

　　各組上傳的內容須有原新聞截圖，內容摘要與各組的簡要短評與標題。

註：筆者事先在FB設定各班發表與討論的群組。

　　學生剛剛能盡興「對話」，已是開心，再聽到上課還能公然合法玩手機，人人眉飛色舞，忙著開分享，熱切搜尋實作題訊息，好一副打開網路喜若狂！高興之餘，搜尋得更起勁，討論更熱烈，發現友軍（別組）找到相同網頁或同一則新聞，一臉很不甘心，嚷著不屑一顧，與往日「溫良貌」大異其趣。果然**教學首要之務在於引起強烈的學習動機，引發學習投入的過程比結果更值得關注**。

　　各組找到的資料面向相當多元，案例不分國籍區域，大致區分為幾類型：

　　1. 中學生疑似受臉書、LINE言語霸凌，曾向家人透露承受不了同學聯合網路攻擊，一時想不開竟選擇跳樓輕生的。

　　2. 國內外藝人、運動選手都有因承受不住網路惡毒留言，選擇輕生的案例。引起極大關注的國外案例有「最受國際關注的網路霸凌事件，18歲小提琴天才之死」。

　　3. 政治人物長期遭受網友嘲諷的，同樣不分國籍。學生舉證美國前總統歐巴馬曾在電視節目中讀出網路對他的「仇恨推文」，自嘲「數位時代連總統也逃不過網路霸凌」，想必國人當更能體會。

4. 將不雅影片廣為傳散，甚至將不雅照片創辦社團帳號，被害人長期承受如影隨形的霸凌壓力，失去朋友與尊嚴，無法走出情緒低潮而崩潰。

實作題（二）

　　針對上述各組搜尋到的網路霸凌事件，請查詢中華民國法規資料庫，討論與判讀該事件的行為人可能觸犯了哪些法條、依法必須負擔哪些法律責任？

※中華民國法規資料庫：http://law.moj.gov.tw/Law/LawSearchLaw.
  aspx

　　各小組依據事件嚴重程度，找到相關的法條並討論該行為可能涉及的刑罰，茲列舉幾組學生的答案：

★A組

　　1. 刑法第346條公然侮辱罪300元罰金，並要求精神賠償。

　　2. 刑法第310條散布毀損名譽之訊息（處2年以下1000元罰金並可要求精神賠償。

★B組

　　組員認為該事件的行為人共觸犯了6則法條。分別是：

　　1. 民法第195條侵犯人格權。

　　2. 刑法第235條：妨害風化。

　　3. 刑法第315修之1妨害祕密。

　　4. 民法侵權行為第184條、95條。

　　5. 個人資料保護法第5條。

　　6. 刑法第346條恐嚇罪。

★C組

　　事件中的行為人使用針孔偷拍，又涉及公然侮辱他人，組員討論結果

是：觸犯刑法第310-1條，處三年以下有期徒刑拘役或30萬以下罰金。

綜觀各組查詢、討論與推判引用最多的法條有：刑法第310條第1項誹謗罪：「意圖散布於眾，而指摘或傳述足以毀損他人名譽之事者，為誹謗罪，處一年以下有期徒刑、拘役或五百元以下罰金。」刑法第309條（公然侮辱罪）：「公然侮辱人者，處拘役或三百元以下罰金。以強暴犯前項之罪者，處一年以下有期徒刑、拘役或五百元以下罰金。」本活動的目標並非要找出最正確的法條與刑期，而是讓學生實際操作後理解行為觸法需要付極高的代價，因此各組答案未必是實際正確刑責。

分組報告
1.各組彙整資料後，指派1-2人進行口頭報告，限時3分鐘。
2.全班進行互評票選內容精彩的小組。

報告過程，各組相互觀摩，自然產生較勁激勵作用，多數說明有條理，介紹內容表達感同身受的震驚與同情。令人驚訝活動帶給學生極大的衝擊，從學生的活動回饋可窺一二：

★黃同學1

「我覺得今天如果沒有跟同學好好討論的話，我可能一直都不會知道原來在網路上留言，會招來禍害，也會影響他人心情，**沒想到每個人的一、兩句話，就結束了一個人的生命，以後在網路上做什麼事都要三思才行**，避免不必要的紛爭。」

★廖同學

「我的感想是看到這些事件後，**深入去研究才發現事情的嚴重性，網路謠言竟然對人有這麼大的影響，霸凌他人的人竟然要承受這麼多的處罰**，我想這種行為真不能去做。」

★黃同學2

　　「對於這次網路霸凌事件作業，了解到網路世界的可怕。隨意的造謠，便使人失去活著的意義，進而失去自己的生命。每個人都有愛人與被愛的權利，因此就算不認同他人，也該給予一般的基本尊重，我們沒有理由侵犯及傷害他。」

★陳同學

　　「自從有了網路之後，網路上就出現了很多的酸民和不堪的意見，起初大家都沒有察覺到這樣的嚴重性，只是一句無心的話，卻害死了一條人命，經過這一堂課，才體會到原來禍從口出不是假的，言語的重量是遠超乎我們的想像，謹言慎行才能保護自己也才不會傷害到他人。」

　　新世代的網路「毒舌」評論，常慣稱為一群「黑特（嫉恨者haters）」，這是時代衍生的新詞，並不全然等同於一般所謂的嫉妒。「黑特文化」對青少年的影響既深且廣，學者的研究都指向青少年族群，無論是生活上或情感上都過度依賴網路，無形更加速「黑特文化」影響的效應。國外甚至已有研究指出令人憂心的結論：年輕世代長期浸潤在誹謗與中傷的網路惡意攻訐文化裡，使得他們的認知和情緒發展受到嚴重混淆，價值體系未能建置成熟的學生族群，往往誤以為這一類非人性化的溝通模式是正常的。筆者深感中學國文教學對於**引導學生釐清觀念、分辨是非善惡，與文學美感涵養、表情達意、思辨能力的培養，都是同等重要，**因此文本教學中莫不期望能兼顧這些面向。

三、梳理文意

　　趁著學生還沉浸在體悟深刻之餘，抓緊時間趕快引導閱讀文本，梳理文意。〈漁父〉作者屈原屢因小人讒言所害而遭君王疏遠，甚至遠逐到蠻

荒的湘江流域一帶，他堪稱千古「中傷」貶謫文學之祖。執此，討論學習單（或由教師提問）顯得容易多了。學生很快便能回答第一道題。

1. 文中哪些句子描述屈原遭「霸凌」被放逐的舉止與形象：【(1)游於江潭，行吟澤畔。(2)顏色憔悴，形容枯槁。】同時同理被眾小人「霸凌」「修理」後，三閭大夫就該有這般慘樣。於是學生便心甘情願的順承文意，熱烈討論梳理關鍵句意與摘要段旨。

2. 屈原自言「舉世皆濁我獨清，眾人皆醉我獨醒」，討論句中的「濁、清」、「醉、醒」各指涉什麼？

3. 解釋句子：「淈其泥而揚其波」、「餔其糟而歠其醨」。

4. 屈原與漁父展開二次對話，討論二人內心的情緒變化。

3			
2			
1			
0			
-1			
-2			
-3			
-4			
-5			
	事件（對話）一		事件（對話）二
文本證據摘要			

▲人物情緒波動指數圖：屈原&漁父

5. 常言道人生不如意十之八九，尤其是遭遇到他人莫名無情的排擠或詆毀，職場上已是司空見慣，一旦遭逢這類困境，你會如何因應？若有過類似不愉快的經驗，分享如何度過難關？

四、後記

　　媒體批載香港學界憂心中學生文言文閱讀能力不足的問題，其實何止香港，臺灣技職學生普遍視學習文言文爲畏途，更是普遍的事實。筆者以爲語文學習若能時時與學生生活經驗聯結，引導學生同情共感，輔以善加因勢利導的資訊媒材，學生其實也樂於穿越古今，學習老祖宗珍貴的文化資產，認同國文課是有趣實用、令人感動的。

課文嚮導

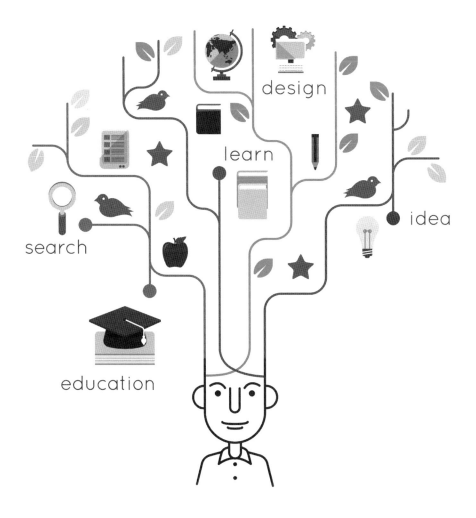

design

learn

search

idea

education

SWOT分析奏議類散文邏輯 ——由〈燭之武退秦師〉到〈出師表〉

黃學文　高雄市立中正高級工業職業學校
李維恩　高雄市立中正高級工業職業學校
黃一軒　高雄市立三民高級家事商業職業學校
吳欣潔　國立鳳山高級商工職業學校

一、構思

（一）SWOT分析法融入奏議類散文

　　SWOT分析法是以經營管理理論為基礎，進而發展對組織有效率的分析法。是二十世紀興起於美國哈佛商學院的一門學說，更是二十世紀MBA（企業管理）與EMBA（高階企業管理）課程常見的一種分析方法，常廣泛的應用於各層面。SWOT分析是由四個英文單字：Strengths優勢、Weaknesses劣勢、Opportunities機會、Threats威脅，由以上各詞的英文單字之首字所組成；上述四者，又可分為兩組討論，其一為內部因素，有：優勢因素與劣勢因素；其二為外部因素，有：機會因素與威脅因素，常按矩陣方式排列，把各種因素相互對照，進行有系統的分析模式，最後從分析結果的結論獲得事件的處理對策。<u>而能有效列出時間軸，與正負向</u>

列舉，非常適合讓學生將奏議類散文的佐證與發想條理明晰。

（二）SWOT分析法的定義（若學生於課堂詢問也可以令其查找）

　　方世榮在《行銷學原理》中指出：在SWOT分析中，完成組織使命的最佳策略必須：(1)善用組織的機會與優勢，(2)化解組織的威脅，(3)規避組織的劣勢。[1] 所謂組織的優勢，是指那些使組織能夠構想或執行策略的技巧或能力，不同的策略需要有不同的技能與能力，僅為少數競爭公司所擁有的優勢，便能夠成為其獨特的能力，能夠善用其獨特能力的組織，將可獲得競爭優勢，並為組織帶來超過一般水準以上的經濟績效。所謂組織的劣勢，則是指那些無法讓組織選擇與執行達成使命的策略、技能與能力。

（三）SWOT分析法與施行選文

　　SWOT分析多實際應用在動態環境中的長期策略，進而對組織（可為政府與企業等）提出策略制定的模型，而組織的決策者再藉此模型考慮組織內外部的機會與條件，最後進行決策。

　　筆者認為可以此方法融入奏議類散文，原因如下：

1. 奏議類散文或縱橫家言論的策略性：

　　筆者認為，奏議類散文或縱橫家言論，常以較宏觀的格局為君王設想良好的處理對策，可以現代SWOT分析法概念融入，使學生更了解議論類文言文的布局與在時間軸中抓取文句的概念。

---

[1] 方世榮：《行銷學原理》（臺北：東華書局，1999年），頁64。

2. 現行推薦選文可操作之範文：

　　〈燭之武退秦師〉、〈諫逐客書〉、〈諫太宗十思疏〉、〈馮諼客孟嘗君〉、〈出師表〉、〈與陳伯之書〉等例可融入。筆者以〈燭之武退秦師〉、〈出師表〉為例，文中有鄭國上下對當前窘境的處理與建議，也有燭之武設身處地為說服秦穆公的出謀劃策。以課文為範文，可以領略此事件的Strengths優勢、Weaknesses劣勢、Opportunities機會、Threats威脅四因素，也可延伸提出具體建議，實為一縝密且全面的應對方策，可結合現代企業管理學的理論作分析。

3. 以個人為出發點，再進行文本分析

　　讓學生可以感同身受，先學會為自己作出一份SWOT分析，進而推己及人：使學生了解文言文當中，看似與自己風馬牛不相及的古人出謀劃策；能讓學生學會評估現況，擘劃未來。

	Helpful 對達成目標有幫助的 to achieving the objective	Harmful 對達成目標有害的 to achieving the objective
Internal 內部 （組織） attributes of the organization	**Strengths：優勢**	**Weaknesses：劣勢**
External 外部 （環境） attributes of the environment	**Opportunities：機會**	**Threats：威脅**

（一）簡要說明SWOT分析法，老師可口述，也可讓學生查找。

（二）舉證SWOT分析法之案例（如：○○咖啡店之整體營運、○○城市國家之評估，網路有上眾多案例）請學生為自己作一份SWOT分析；如未來升學之校系、技能學習、生涯評量與規劃等。（如後述學生自評SWOT（一）體育班學生、（二）中鋼建教班學生）

（三）促成學生對自我的認知，並對SWOT分析法有初步的認知與初階操作。此處也與素養中的「國V-U-A1」中「透過國語文學習，培養健康適性的價值觀與人生態度，進而開發潛能，實踐終身學習」相通。

（四）若以〈燭之武退秦師〉為例，學生可以「鄭文公窘境的危機處理」、「燭之武對秦穆公設身處地的分析」、「晉文公對現況的重新評估」，讓學生進行文本檢索，並分析。（詳見後方鄭文公窘境的危機處理（一）（二）；燭之武對秦穆公設身處地的分析（一）（二）（三）；晉文公對現況的重新評估（一））

學生自評SWOT（一）（體育班學生）	
優勢 Strengths	**劣勢 Weakness**
1. 會英文 （外語能力） 2. 在澳洲有朋友 （人際關係） 3. 可以控制自己（自律） 4. 控制自己的時間 （時間管理）	1. 跟家人的相處變少 2. 會花很多錢 3. 那邊會講英文的都比我厲害 4. 需要找房子 5. 沒有車子 6. 稅金高 7. 沒有健保 8. 時間有限
機會 Opportunities	**威脅 Threats**
1. 可以住朋友家 2. 朋友會幫我找工作 3. 如果停留久一點可以拿到永久居留權 4. 可以賺更多錢 5. 有機會認識更多人 6. 還有兩年的時間	1. 手機使用太多時間 2. 需要（體育專長）練習，比較少讀書機會 3. 要存很多錢 4. 需要自己夠努力 5. 英文目前狀況還不好
WO 分析	**SO 分析**
因為還有兩年，所以我還有足夠時間可以準備，可以利用這兩年陪家人，如果從現在開始存錢，這樣以後就有足夠的錢。在那會賺比較多，但也花很多，可是還是可以存到一點錢。因為可以住朋友家，但是沒有車子。兩年還可以足夠提升自己的英文能力；至於稅很高，正可以跟薪水互補，工作比較難找，但可以請朋友幫忙。	到那裡可以用英文與當地人溝通，可以請那邊朋友幫忙找工作，有足夠的時間可以在那裡生活，可以有自我控制的能力與金錢、時間等。可以在那認識更多人，人際變得更廣，但是簽證和法律的問題有點繁瑣，以及交通問題。至少目前還有兩年時間好好準備這些事情。
學生自評SWOT（二）（中鋼建教班學生）	
優勢 Strengths	**劣勢 Weakness**
1. 電機、機械能力強 2. 獨立（自律） 3. 不易怯場（抗壓性）	1. 英文能力不佳 2. 容易想太多 3. 容易忘記事情
機會 Opportunities	**威脅 Threats**
1. 遇到貴人 2. 受到上司賞識 3. 得到進修機會	1. 家中父母感情問題 2. 未錄取中鋼 3. 無法繼續進修
WO 分析	**SO 分析**
可能會失敗，但持續努力應該會成功。	變得很成功。
ST 分析	**WT 分析**
可以靠自己的能力於社會上生活下去。	勤能補拙，未來可能有進修機會；增強自己的能力，並且獨立，才有可能幫助父母。沒錄取中鋼可以進修，之後找工作。

學生作品拍攝：

優勢 Strengths

1. 會英文

2. 在澳洲有朋友

3. 可以控制自己

4. 制制自己的時間

機會 Opporturties

1. 可以住朋友家

2. 朋友可以幫我找工作

3. 如果停留久一點可以拿到永居

4. 賺更多錢

5. 認識更多人

6. 还有 2年

劣勢 Weakness （SWOT分析法）

許妙華的生涯SWOT分析
Go to AU

1. 跟家人的相處變少 9. 時間限制

2. 會花很多錢 8. 沒有健保

3. 那边會講英文的都比我厲害

4. 需要找房子 7. 稅很高

5. 沒有車子 6. 有可能找不到工作

威勢 Threats

1. 手機使用太多

2. 需要練習, 比較少讀書機會

3. 要存很多錢

4. 需要自己努力

5. 英文还不夠好

內部因素 ↑ 外部因素

曹二忠 602

| WO分析 |

因為还有兩年, 所以我还有足夠的時間可以準備, 可以利用這兩年陪家人和现在開始存錢. 这樣以後就有足夠的錢, 在那會賺比較多但是也花很多, 可是还是可以存到一點錢, 我不用擔心找不到房子因為可以住朋友家, 但是我沒有車子, 兩年还可以足夠提升自己的英文能力. 至於稅很高正好可以跟薪水互補, 工作比較難找但是可以請朋友幫忙我

| SO分析 |

到那裡可以用 English 跟當地人溝通. 可以請那边的朋友幫忙找工作, 有足夠的時間可以在那裡生活. 可以有自我控制的能力金錢. 時間...等. 可以在那認識更多人. 人際變的更廣. 但是簽證和法律問題有点麻煩. 还有交通問題. 至少我还有2年時間好好準備这些事情.

183

鄭文公窘境的危機處理（一）	
優勢 Strengths	**劣勢 Weakness**
1. 會聽從別人的意見去做決定（公從之） 2. 懂得放下身段（是寡人之過也） 3. 曉以利害 （「吾不能早用子……子亦有不利焉！」） 4. 身邊有個計策好的宰相 （國危矣！若使燭之武見秦君，師必退）	1. 曾經得罪鄭文公（以其無禮於晉） 2. 和楚國親近，對晉有二心 （以其無禮於晉，且貳於楚） 3. 沒有及早任用燭之武（不能早用子） 4. 在情況緊急時才來求助燭之武 （今急而求子）
機會 Opportunities	**威脅 Threats**
1. 燭之武答應，派其去，秦君必會撤兵 （若使燭之武見秦君，師必退）	1. 會被滅國（秦伯晉侯圍鄭） 2. 燭之武不答應，鄭國會被滅國 （然鄭亡，子亦有不利焉）

鄭文公窘境的危機處理（二）	
優勢 Strengths	**劣勢 Weakness**
1. 口才好（「吾不能早用子，今急……子亦 有不利焉！」） 2. 頭腦好，冷靜處理 （國危矣！若使燭之武見秦君，師必退）	1. 曾經得罪晉文公 （以其無禮於晉） 2. 沒有禮貌 （以其無禮於晉，且貳於楚） 3. 國家地理位置（秦軍汜南，晉軍……）
機會 Opportunities	**威脅 Threats**
1. 有機會救國家 （燭之武答應……許之）	1. 會被滅國（晉侯圍鄭） 2. 燭之武不答應（臣之壯也，猶不如人；今 老矣，無能為也已） 3. 將來會被其他國家滅國（地理位置）

燭之武對秦穆公設身處地的分析（一）	
優勢 Strengths	**劣勢 Weakness**
1. 有野心，有責任感（秦穆公逐霸西戎）	1. 領土太遠，對他們沒有幫助 （越國以鄙遠，君知其難也）
機會 Opportunities	**威脅 Threats**
1. 若鄭國是負責招待的，與使者往來，供應 所缺的東西，對你也沒什麼不好的。 （若舍鄭以為東道主，行李之往來，供其 乏困，君亦無所害。）	1. 晉國國勢強，將對秦不利。 （若不闕秦，將焉取之？闕秦以利晉，惟 君圖之）

燭之武對秦穆公設身處地的分析（二）	
優勢 Strengths	**劣勢 Weakness**
1. 春秋五霸之一 （註釋二 秦晉圍鄭，10倍兵力稱圍）	1. 打了鄭國，贏了也無法統治鄭國 （既東封鄭，又欲肆其西封）
機會 Opportunities	**威脅 Threats**
1. 有燭之武分析狀況 （夜，縋而出。見秦伯，曰：「……」）	1. 晉國的國力增強了，秦國的國力也削弱 了。（既東封……若不闕秦，將焉取 之？）

燭之武對秦穆公設身處地的分析（三）	
優勢 Strengths	劣勢 Weakness
1. 軍隊多（秦晉圍鄭） 2. 秦有恩於晉，晉君亦能知恩報恩	1. 秦距鄭國遙遠（越國以鄙遠） 2. 晉國不守信用 （許君焦瑕，朝濟而夕設版焉）
機會 Opportunities	威脅 Threats
1. 捨棄鄭國，其可為己提供資源 （捨鄭，以之為東道主）	1. 亡鄭有益於晉 （亡鄭有益於君，敢以煩執事） 2. 萬一晉國變強大（鄰之厚君之薄） 3. 萬一晉國想往西邊擴增領土 （若不闕秦，將焉取之？）
晉文公對現況的重新評估（一）	
優勢 Strengths	劣勢 Weakness
1. 軍隊多（秦晉圍鄭） 2. 地利優勢（鄰鄭國，秦若統鄭須越國以鄙遠） 3. 有攻打鄭國的口實（無禮於晉，且貳於楚）	1. 曾受恩惠於秦穆公（微夫人之力不及此） 2. 晉國不守信用（許君焦瑕，朝濟而夕設版焉）
機會 Opportunities	威脅 Threats
1. 等待時局再變化 （綜合所言，說出：「吾其還也」）	1. 失去盟國（失其所與，不智） 2. 內訌互攻（以亂易整，不武） 3. 若攻打秦國，則落人口實 （不可，微夫人之力不及此）

三、教學省思與深化部分

（一）在〈燭之武退秦師〉一課所見（操作教師：中正高工黃學文老師）

1. 連詞與副詞

　　SWOT分析法有一個最大的關鍵也是施作的要點，即是「時間序」的問題：「時間序」存在於內部因素（S及W）與外部因素（O及T）中，內部因素是「已發生」之事，而外部因素是「未發生，但將來極可能發生」

的事。

在文言文中，我們可以請學生找出「連詞」中「假設語氣」的「若」，如未發生的「（若）舍鄭以為東道主」，或「（若）使燭之武見秦君，師必退」是事件「未發生，但將來極可能發生」的推論；以及「深究語氣」的「且」，如「且君嘗為晉君賜，許君焦瑕，朝濟而夕設版」能判讀出是「已發生」之事。

或具「時間序」意義的「吾不能早用子，今急而求子」的「不能早」與「今」，或是「秦晉圍鄭，鄭既知亡矣」與「既東封鄭，又欲肆其西封」的「既」，更是使用巧妙，雖翻譯應作「已然」，但實為預言式的為秦穆公分析國際未來的局勢，倘若學生無法匯通全文，僅是隻言片語的循註釋翻譯，會於此處觸礁。

2. 激問句式的再次認知

學生於此課必須了解激問句式的使用關鍵與說服力，如能知曉激問句是循著反向的答案，來使文句的接受者更慎重思考其「未來可能的結果」與「過去已發的經驗」。如「焉用亡鄭以陪鄰」與「若不闕秦，將焉取之？」即是「未來可能的結果」；「夫晉，何厭之有？」就必須從文中前述的「且君嘗為晉君賜，許君焦瑕，朝濟而夕設版」就能判讀出是「過去已發的經驗」。無外乎就是再一次的從反論來加深文句接受者的認知。

3. 對中文字精確性的感知與再延伸閱讀

《孫子兵法・謀攻》：「故用兵之法，十則圍之，五則攻之，倍則戰之，敵則能分之，少則能逃之，不若則能避之。故小敵之堅，大敵之擒也」的用兵之道，「圍」字與〈燭之武退秦師〉的「秦晉圍鄭」相連結。若能將「圍」字精確表明，除能加深學生學習印象外，更能讓學生串連後續的「（燭之武）夜，縋而出」的愛國情操並甘願鋌而走險的危岌感。

同樣位於《孫子兵法・謀攻》：「故上兵伐謀，其次伐交，其次伐兵，其下攻城。攻城之法，為不得已。……故善用兵者，屈人之兵而非戰也，拔人之城而非攻也，毀人之國而非久也，必以全爭於天下，故兵不頓而利可全，此謀攻之法也。」可以與〈燭之武退秦師〉中「秦晉圍鄭，鄭既知亡矣」晉文公發起聯軍，引用口實，造成「不戰而屈人之兵」的士氣打擊方法對照；也能呼應文末晉文公以「不智」「不武」兩理由撤兵的說明。故建議可以延伸閱讀《孫子兵法》部分篇章。

以上三種範文操作的方法也符合了「國V-U-A2」的素養「透過國語文學習，探索生活現象，提升觀察、思辨的深度與廣度，進而反思當代課題的解決策略。」也能更誘發學生思辨「文字使用的精確度」與「語氣造成的溝通效應」。

（二）在〈出師表〉一課所見（操作教師：鳳山商工吳欣潔老師）

1. 表現時間序的詞彙

學生大多可以準確提出「優勢」和「劣勢」，但不太理解「機會」和「威脅」。二者最大的差別在於前者屬於過去，後者屬於未來。而幫助學生釐清文本中的「時間序」，也是操作SWOT分析的主要目的。

(1) 表示過去的字詞

如「今天下三分，益州疲弊」的「今」、「後值傾覆」的「值」（遇到）、「爾來二十有一年矣」的「爾來」、「故臨崩寄臣以大事」與「故五月渡瀘」的「故」（於是）是對於已發生事實的敘述。

(2) 表示未來的字詞

例如「願陛下親之信之」、「願陛下託臣以討賊興復之效」的「願」表示對未來的期許；「今當遠離」的「當」（即將）亦用於對將來的描

述；「誠宜開張聖聽」、「宜付有司」、「陛下亦宜自課」、「不宜偏私」、「不宜妄自菲薄」、「陟罰臧否，不宜異同」的「宜」與「當獎率三軍，北定中原」的「當」皆解釋成「應該」，代表這是諸葛亮希望接下來後主和自己能做到的事；「若有作奸犯科及爲忠善者」、「若無興德之言」的「若」字則是一種對未發生事件的假設，後面往往搭配「以」（來）或「則」（就），表示當前面的情況發生時要採取的對策；還有「愚以爲……」的「以爲」表達對君王今後行事的建議，而後面搭配的「必能使……」則是對結果的預言。

2. 學生進行自身的SWOT分析時所見之問題

本次活動的另一個目的，是希望學生能學會運用SWOT分析來檢視自己，對於未來的升學或就業進行初步評估，亦可作爲三年級撰寫自傳的參考。

在進行自身的SWOT分析中，除了時間概念不清，學生對於內部與外部因素的分野亦不明確；尤其是在分析理想校系或職業時，會以爲機會只是「我努力就能……」，威脅是「我不努力就會……」。也有學生會把與事實相反的假設誤認爲機會。有明確人生目標的學生，較能具體提出自己的SWOT分析，也比較不會有時間概念不清或內外部因素混淆的狀況。

3. 〈出師表〉中主要人物SWOT分析結果

〈出師表〉內的兩個主要人物是諸葛亮和劉禪，而筆者再加上諸葛亮的宿敵司馬懿，讓學生跳脫以往總是從蜀漢出發的角度，改從另一方的立場去思考。

此外，筆者在從事此一活動時，也播放關於劉禪不同評價的影片，讓學生了解可以從不同角度去評論一個人或解讀一段歷史，有助於對劉禪的分析。

筆者發現，對於同一件事，有的人認為是優勢，有的人卻認為是劣勢。如兩組對於「司馬懿有不臣之心」顯示出不同評價。另外，學生的分析有時也會出現自相矛盾的情況，例如有些組別認為諸葛亮知人善任是優勢，但又在劣勢中指出他沒有容人之量。

筆者在兩個班以不同的方式進行活動：觀光科每組都分析諸葛亮和劉禪；電圖科則是兩組一個主題，分別探討諸葛亮、劉禪和司馬懿三人。筆者發現觀光科學生習慣共同討論，而電圖科學生比較傾向由組員各自負責某一部分。

從這個活動中，筆者發現有些學生很熟悉三國歷史故事，在進行SWOT分析時可以舉例說明，更有說服力。學生也在查資料的過程中，發現對於同一人物的不同評價，這也是筆者進行此活動的目的之一，希望學生能從多種角度去看待歷史人物或事件，並思考造成這種觀點的可能原因，而非只是接受片面資訊就下定論。

「三國」本來就是學生很感興趣的主題。透過這次活動，學生對於〈出師表〉一文所提及的蜀漢局勢有更深的了解。而經過層層剖析，諸葛亮不再如此超凡入聖，劉禪也並非只是扶不起的阿斗，而〈出師表〉中的最大威脅者曹魏與司馬懿也不是那麼無懈可擊。原本平面的歷史人物變得有血有肉，也希望學生藉此明瞭，無論賢愚貴賤，每個人都有其優勢劣勢，以及所要面臨的機會與威脅。

（一）學生自我評估之SWOT分析

優勢 Strengths　鄭宥淳的運動競技分析 ｜ 劣勢 Weakness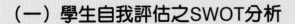

1. 肌P的肌耐力好
2. 深蹲耐重
3. 腰力好
4. 肯吃苦
5. 反應好
6. 第一時間受傷自己知道怎麼包紮
7. 有目標的前進

S 1. 力氣小
W 2. 心肺能力待加強
O 3. 運動傷害太多
T 4. 愛哭、容易低潮
分 5. 速度不夠快
析 6. 身材在該量級佔15優勢
法 7. 頭腦不夠好
內 8. 愛吃冰
部 9. 經驗不夠多、易緊張
因
素

機會 Opportunties

1. 每年11月中的中正盃
2. 每年5月底的全柔錦
3. 每年1月中的市中運
4. 每年的理事長盃(可增加經驗)

威脅 Threats

外
部
因
素

1. 降體重時肌力會大幅下降
2. 降體重時會變得散漫
3. 運動傷害造成有些動作不能做

ST分析：①肌P的肌耐力好→①降體重時肌耐力會大幅下降(肌P的肌耐力優勢可以在降體重時保
(避免的) ⑥→③(自己會往別的角度去發展不一樣的肌群)　　持在一個不錯的狀

WO分析：⑨→④(可以由小比賽來獲取經驗，讓自己習慣比賽的氛圍。)
(努力的)

SO分析：⑦→①(每年的11月中中正盃前大就有資格進全中運，想把目標放在這並且努力去完
(最好狀況)　　　　　　　　　　　　　　　　　　　　　　　　　　　　　　　　　成)

（二）鄭文公窘境的危機處理之SWOT分析

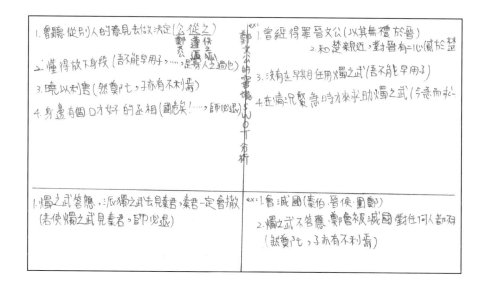

鄭文公的事件 SWOT 分析

1.會聽從別人的意見去做決定（公從之）
　鄭 遷 侯
　公 之
2.懂得放下身段（吾不能早用子，……是寡人之過也）
3.曉以利害（然鄭亡，子亦有不利焉）
4.身邊有個口才好的丞相（國危矣！……，師必退）

ex:1.曾經得罪晉文公（以其無禮於晉）
　　　2.和楚親近，對晉有二心（貳於楚）
3.沒有在早期任用燭之武（吾不能早用子）
4.在情況緊急時才來求助燭之武（今急而求）

1.燭之武答應，派燭之武去見秦君，秦君一定會撤（若使燭之武見秦君，師必退）

ex:1.會滅國（秦伯、晉侯、圍鄭）
2.燭之武不答應，鄭會被滅國，對任何人都有（然鄭亡，子亦有不利焉）

（三）燭之武對秦穆公設身處地的分析之SWOT分析

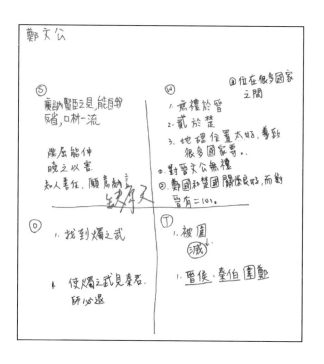

鄭文公

Ⓢ 廣訊賢臣之見，能自我反省，口林一流

能屈能伸
曉之以害
知人善任，願意納言

Ⓦ
1.無禮於晉
2.貳於楚
3.地理位置太好，導致很多國家爭。
❶對晉文公無禮
❷鄭國和楚國關係良好，而對晉有二心。

Ⓝ 位在很多國家之間

Ⓞ
1.找到燭之武

1.使燭之武見秦君，師必退

Ⓣ
1.被圍滅

1.晉侯、秦伯圍鄭

秦穆公

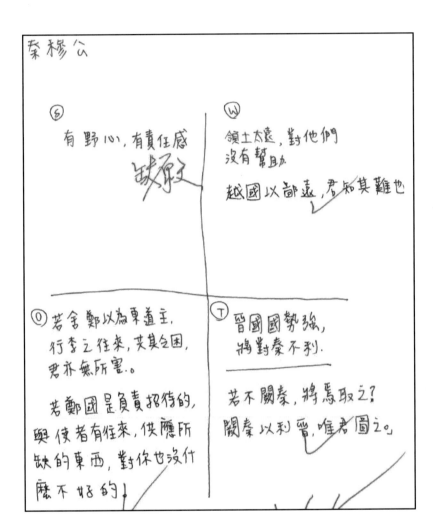

Ⓢ

有野心, 有責任感

~~缺頁~~

Ⓦ

領土太遠, 對他們
沒有幫助

越國以鄙遠, 君知其難也

Ⓞ 若舍鄭以為東道主,
行李之往來, 共其乏困,
君亦無所害。

若鄭國是負責招待的,
與使者有往來, 供應所
缺的東西, 對你也沒什
麼不好的!

Ⓣ 晉國國勢強,
將對秦不利.

若不闕秦, 將焉取之?
闕秦以利晉, 唯君圖之。

192

從〈琵琶行〉導引學生擁「報」、「悅」讀

林芳均　國立溪湖高級中學

一、研究背景

　　前人云：「風聲雨聲讀書聲，聲聲入耳；家事國事天下事，事事關心」。目前手機盛行後，學生幾乎不看報紙，學校所提供的報紙乏人問津。商業概論老師抱怨，學生對於相關的經濟、時事問題缺乏常識，以至於選不出正確答案。所以如何引發同學關心時事，關心社會脈動，關心經濟議題，成了現代教學者的必修學分。因此本課程希望藉由閱讀白居易的琵琶行及其他諷諭詩作之餘，了解其時代背景，學習其如何洩導人情，補察時政，引導學生關心與了解時事，並培養學生快速擷取資訊、掌握重點的能力。

（一）教材分析

學生在國中已上過白居易的〈慈烏夜啼〉，已粗略了解白居易是社會寫實詩人。而對於樂府的認知，則是高一學過李白的〈長干行〉。對於新樂府則在此第一次認識。

本校為綜合高中，高一用同樣教材，同屬三民版本。在高一的教材中，學過李白〈長干行〉、〈陌上桑〉。高二學術學程，繼續使用三民版本，專門學程則使用東大版本。〈琵琶行〉為東大版本第三冊第五課，為高二專門學程所使用的教材。

〈琵琶行〉是一首「新樂府」。這是白居易、元稹等人提倡的新文體，意欲回歸「古有采詩之官，王者所以觀風俗，知得失，自考正也」的傳統。這種新樂府無法被之管弦，也不能吟唱，主要目的在強調「文章合為時而著，歌詩合為事而作」的精神，透過官吏蠻橫、民間貧苦、戰亂動盪等題材的挖掘與批判，彰顯詩歌的社會功能和諷諭作用。

（二）學生分析

此課程以應用英語學程二年級的學生為施教對象。這一班學生開學的複習考成績及第一次期中考，全班平均成績不甚理想。學生有幾位是閱讀動機薄弱，因此思考透過此課程的教學，期待提升學生的學習動機，培養學生主動關心時事。

（三）教學方法分析

從108新課綱「核心素養」的角度來看，白居易透過一篇篇新樂府的

創作，揭露社會弊端，反映民生疾苦，既是「符號運用與溝通表達」的展現，其內容也深具「道德實踐與公民意識」，並且隱含「系統思考與解決問題」的務實企圖。本課程藉著複習白居易的生平，在解釋完〈琵琶行〉文本內容之後，播放網路所改編的〈琵琶行〉流行歌曲引發動機，藉以複習及統整。接著設計文學九宮格，分組提問搶答，看哪一組最先完成一直線者獲勝。課程進行的方式主要採取合作學習、分組討論。

三、教學活動設計

單元名稱	「文學九宮格」及「摘要策略」介紹	適用年級	高二
課程名稱	擁「報」、「悅」讀	教學時間	二節
設計者	林芳均	任教學校	國立溪湖高中
教材版本	三民、東大	教學準備	

素養		
1. 系統思考與解決問題 2. 規劃執行與創新應變	3. 符號運用與溝通表達 4. 藝術涵養與美感素養	

目標
課程目標 （一）落實生命教育目標，陶冶學生語文教養。 （二）引導學生獨立思考，培養深度閱讀能力。 （三）鼓勵學生開拓視野，關心自我社會國家。 學習目標 （一）理解課文的思想內容，領悟作者的獨特見解。 （二）提升學生閱讀理解的能力，使學生善於思考、勇於創新。 （三）發展出「學生閱讀素養與應用表達」的教學法。 （四）引導學生了解時事，培養學生快速擷取資訊、掌握重點能力。

議題
環境教育、閱讀素養、生命教育、多元文化教育

教學資源
唐詩故事17　白居易　賣炭翁 資料來源：2017/09/14取自 https://zh.wikipedia.org/zh-tw/%E7%99%BD%E5%B1%85%E6%98%93

教學活動設計			
教學內容	時間	教學資源	評量方式
一、導入活動 蔣勳朗讀白居易〈琵琶行〉（節選） https://www.youtube.com/watch?v=p80iInvdK40 大陸90後把唐詩〈琵琶行〉編成超好聽的流行歌曲 提問〈琵琶行〉的詩眼（主題句）為何？		電腦 單槍 影片	能說出 主旨
二、發展活動 **活動一　文學九宮格分組競賽** 文學九宮格，分組提問搶答，每一組均可將答案寫在小白板上，答對者得一分，先完成一條線者再加三分，依小組總分排名。答對者可以決定要選擇哪一問題回答。	10min	ppt	分組競賽

1	2	3
4	5	6
7	8	9

排列方式如上表，問題如下：
(1)白居易的求學歷程有何佳話？
　　初識之無，略識之無，粗識之無，
　　不識之無，口舌成瘡，手肘成胝。
(2)白居易二十歲到長安謁見顧況，以哪一首詩求見？
　　離離原上草，一歲一枯榮，野火燒不盡，春風吹又生。
　　遠芳侵古道，晴翠接荒城，又送王孫去，萋萋滿別情。
(3)白居易為何被貶為江州司馬？
　　唐憲宗元和十年，宰相武元衡遇刺身亡，白居易當時擔任太子左贊善大夫，卻在諫官未言之前，上疏請求追捕凶手以雪國恥，因僭越職分而被貶為江州司馬，次年秋天創作琵琶行。
(4)白居易對詩歌的主張為何？
　　文章合為時而著，歌詩合為事而作；
　　為人生而藝術，現實主義的文學觀。
(5)白居易早期、中年和晚年的詩風有何不同？
　　早期：反映現實，諷諭時事，以新樂府詩為主。
　　ex.秦中吟／賣炭翁
　　中年貶官：吟賞風景，詩酒自娛。
　　ex.琵琶行
　　晚年：篤信佛教，吟風弄月，怡情適性。
(6)白居易與何人並稱？
　　與元稹彼此唱和，世稱「元白」，與劉禹錫詩酒往來，號稱「劉白」。
(7)何謂新樂府？
　　用新題／不入樂／反映現實環境。
(8)〈琵琶行〉共有四處敘寫「江」「月」的詩句，請找出這些句子；並說明它們所寄寓的情感，或表達的意境？
　　參考答案見表一

| | 30min | | |

教學內容	時間	教學資源	評量方式
(9)〈琵琶行〉為什麼成為千古的名篇？ 　　「敘事」、「抒情」、「描寫」藝術，琵琶女神態栩栩如生，濃郁傷感的情感抒發，琵琶聲音的描寫具體。 **活動二　白居易諷諭詩介紹** https://www.youtube.com/watch?v＝saKFc0gxNis 3D Animation: 賣炭翁The Old Charcoal Seller_[HD]高畫質版 **活動三　摘要策略介紹** **為什麼要學摘要？** ◎摘要是將文章內容，以簡潔的文字扼要敘述。 **摘要的功用** ◎摘要能呈現出文章的重要內容與概念，因此，能幫助我們理解文章，找出並記憶文章的重點。 ◎當文章長度太長不易理解與記憶，這時，善用摘要來抓取文章的重點，對於理解文章與記憶內容是很有幫助的。 **摘要的重點** （一）刪除不必要的訊息（不相關、重複） （二）語詞歸納 （三）選擇與撰寫主題句 （四）潤飾完成全文摘要 **摘要的步驟** （一）刪除不重要的訊息 （二）刪除重複的訊息 （三）以概括性的名稱取代舉例 （四）以概括性的動作取代細瑣動作 （五）選擇主題句 （六）自行寫主題句 （七）合併段落 （八）修飾／編輯摘要 （一）刪除不重要的訊息 　　　不重要訊息是指文章中的瑣碎訊息，刪掉也不會影響到整篇文章的意思。 　舉例： 　　　土瓦魯是個面積只有臺北市十分之一大、全球人口第三少、幾乎沒有自然資源的臺灣邦交國，如今正因溫室效應面臨國家滅頂在即的危機。 （二）刪除重複的訊息 　　　重複訊息可能是重要的，但因為重複出現，所以刪掉。暗示的關鍵詞，例如：「也就是說」、「換句話說」等。 　舉例：83學測試題：豐子愷〈車廂社會〉 　　　那時候乘火車這件事在我覺得非常新奇而有趣。自己的身體被裝在一個大木箱中，而用機械拖了這大木箱狂奔，這種經驗是我向來所沒有的，怎不叫我感到新奇而有趣呢？	10min 10min 15min		用問答方式讓學生理解影片涵義 分組討論，並請各組回答相關問題

教學內容	時間	教學資源	評量方式
（三）以概括性的名稱取代舉例 以一個概括的類名詞來取代相同的類別舉例。什麼叫做「語詞歸納」將相同類別的語詞用更高層的概念來進行統整歸納，使文章更簡潔，文意同樣清楚明白。正如：基督教、佛教、回教同樣是宗教信仰，因此我們以「宗教」來做統整歸納。 　舉例：三民第1冊、南一第3冊、康熹第4冊、龍騰第1冊 　　　　課文選文：簡媜〈夏之絕句〉 耳朵忙著聽車聲、聽綜藝節目的敲打聲、聽售票小姐不耐煩的聲音、聽朋友附在耳朵旁，低低啞啞的祕密聲……應該找一條清澈潔淨的河水洗洗我的耳朵，因為我聽不見蟬聲。 　＝＞用周遭充斥著「人為的聲音」取代。 （四）以概括性的動作取代細瑣動作 　舉例：三民第1冊、南一第3冊、康熹第4冊、龍騰第1冊 　　　　課文選文：簡媜〈夏之絕句〉 耳朵專心地聽著金龜子在筆盒裡拍翅的聲音，愈聽愈心花怒放，禁不住開個縫，把指頭伸進去按一按金龜子，叫牠安靜些，或是摸一摸斂著翅的蟬，也拉一拉天牛的一對長角，看是不是又多長一節？ 　＝＞逗弄鉛筆盒裡的小動物。 （五）選擇主題句 主題句是文章中最重要的一句話，是作者對一篇文章所作的大意。 　舉例：《古詩十九首　漢　佚名》生年不滿百 生年不滿百，常懷千歲憂。晝短苦夜長，何不秉燭遊？ 為樂當及時，何能待來茲？愚者愛惜費，但為後世嗤。 仙人王子喬，難可與等期。 主旨句？＝＞為樂當及時 （六）自行寫主題句 若是文章中沒有主題句，則讀者可依文章內容的需要歸納出一個主題句作為大意。 （七）合併段落 把若干段落合併成若干有意義的段落，或者合併成若干有意義的句子。 （八）修飾／編輯摘要			分組完成一篇摘要，並檢視學習成效 運用資訊能力、閱讀摘要能力、語文表達能力、關心時事的能力
活動四　小組討論 完成「一位公正的法官」摘要	22min		
三、綜合活動 教師總結，請學生回去找一則自己最關心的新聞，先摘要重點加上關心的理由，一百字，貼在社群上分享。	3min		

表一

敘寫「江」「月」的詩句	所寄寓的情感，或表達的意境
醉不成歡慘將別，別時茫茫江浸月	烘托送客時氣氛淒清，離情依依
東船西舫悄無言，唯見江心秋月白	烘托琵琶曲終時，彈者的沉吟、聽者的感動
去來江口守空船，繞船月明江水寒	烘托琵琶女獨居的寂寞與抑鬱
春江花朝秋月夜，往往取酒還獨傾	烘托良辰美景卻閒虛度的惆悵

四、教學省思

　　當學生沉迷網路電玩手機遊戲，幾乎不閱讀報紙的時代，設計相關活動引導學生讀報，實有其必要性。合作學習、分組競賽能大大提高學生的學習動機與趣味性，值得多方嘗試。在進行此一課程後個人有幾點心得分享：

　　（一）新樂府雖提倡不入樂，但有好的音樂能配樂歌唱，尤其是能將〈琵琶行〉整首詩配樂歌唱，旋律輕快很能引起學生的共鳴，值得推廣。

　　（二）設計好問題。善於提問是閱讀理解目前強調的重點，設計的問題若能從「擷取訊息」、「統整解釋」到「省思評鑑」，當更有層次性。文學九宮格，最難的題目建議擺在最中間，從外圍的簡易到核心的困難問題。

　　（三）學生可以一起合作學習，增強個人學習的動力。而搶答的時間常不易判斷何組較快，建議能運用平板APP軟體支援，透過電腦網路就能明確知道快慢，答題情況。

　　（四）網路上有許多精緻的3D動畫，像適當播放〈賣炭翁〉，可導引學生多關心中下階層的貧苦百姓、激發學生的人道關懷。

　　（五）摘要策略的教導，須有步驟性，引導學生了解、熟練每個步驟

的要點，才能靈活運用、學會這個策略。

（六）網路社群LINE群組已在學生間遍地開花，若能鼓勵學生多分享一些好文章，新聞時事閱讀相關電子報，由老師先主動些提供，再鼓勵學生寫摘要心得，不失為現代版的擁「報」「悅」讀。

一節課上完〈花和尚大鬧桃花村〉

楊旻芳　臺北市立士林高級商業職業學校

一、前言

　　身為有「統測戰士」之稱的高三生，時間過得非常緊湊，每週五節的國文課，除了要上新的第六冊進度，還要複習一～五冊的舊進度、檢討複習卷，如果「運氣好」與全國模擬考撞期，最多可以少三節課（是的，沒有平時考，因為排不進去，平時考只能利用放學以後的時間了）。而下學期從二月底開學到五月初統測大考之間，一共有三次模擬考，因此真正能用在上課的時間彌足珍貴，分秒都不能浪費，尤其本校國際貿易科的同學，因為課綱的緣故，一週只有四節國文課，所以每次上課時，老師我都會從自以為優雅形象自動切換成連珠炮放送模式，至於一、二年級時會出現在課堂上的「翻轉教室」、「學習共同體」等教學形式，便鮮少出現了。

二、以「食」為名

　　三月下旬，時逢第四次全國模擬考剛結束之際，我邊翻著課本，邊忖度著接下來的課程要怎麼進行。其中〈花和尚大鬧桃花村〉這一課，出自於古典小說《水滸傳》一書，相較於《禮記》的〈大同與小康〉，或曹丕的〈典論論文〉，顯得活潑有趣許多，以往學長姊上到這一課時，反應都不錯，應該很適合放在考試之後，調劑緊繃的備考狀態。正巧前一日在電視上看到一則新聞，主題為平價美食滷肉飯，內容中提到《水滸傳》有一段魯智深要惡霸鄭屠各切十斤精肉臊子、肥肉臊子、軟骨臊子的情節，而精肉臊子恰恰是滷肉飯的精髓所在。我的導師班對「吃」異常感興趣，平時若有好表現要獎勵，他們寧可一人發一顆糖也不要記嘉獎。這讓我靈機一動想到，何不利用他們偏好「吃」這一點來引起動機呢？於是，我上網找了「魯智深三拳打死鎮關西」的影片，並且設計了一張學習單，目標便是要完成這項任務：一節課上完〈花和尚大鬧桃花村〉。

三、午餐「加菜」

　　由於時間有限，我把主意動到午餐時間，想讓同學邊吃飯邊看影片。網路上有很多「魯智深三拳打死鎮關西」相關影片分享，我選了15分鐘左右的版本，在播放之前也提醒同學看完之後會抽問問題。原本有點擔心影片中粗壯黝黑的魯智深不符合高中生愛的「小鮮肉」形象，但幸好他們沒有我想像的「以貌取人」。更讓人意外的是，當影片播放到後半部，鄭屠被魯智深打到眼冒金星、「滿面全豆花」的血腥畫面時，我以為女生們會嚇到掩面，但她們居然是大叫「好啊（請搭配京片子）！」看來，魯智深

可是多了不少知音啊！

四、上「主菜」

　　打鐵趁熱，看過影片後的第一堂國文課就來上〈花和尚大鬧桃花村〉。前五學期同學們已經上過〈世說新語選〉、〈明湖居聽書〉、〈范進中舉〉、〈勞山道士〉、〈劉姥姥進大觀園〉等課文，因此對於中國小說並不陌生，我們利用約五分鐘複習一遍中國小說的演變與發展[1]，作爲暖

[1] 中國小說演變與發展（出處：自編講義）

時代	名稱	說明	代表
先秦	子部小說	①「小說」即「小語」，爲無關大道的「街談巷語，道聽塗說」。 ②爲小說萌芽期。	九流十家之「小說家」，ex：燕丹子
魏晉南北朝	筆記小說	①無完整結構的零星記事。 ②志怪小說較盛行。	①志怪，ex：搜神記、博物志 ②志人，ex：世說新語、西京雜記
唐	傳奇	①結構完整的文言短篇小說。 ②肇名：裴鉶小說集《傳奇》。	①愛情，ex：離魂記、枕中記 ②神怪，ex：會真記、長恨歌傳 ③豪俠，ex：紅線傳、虯髯客
宋元明	話本小說	①白話小說興起。 ②話本爲說書人講稿。	①短篇，ex：京本通俗小說 ②長篇，ex：大宋宣和遺事、三國志平話
元明清	章回小說	①白話長篇小說。 ②宋元長篇話本演變而來。 ③章回小說未列入四庫全書。	①元明，ex：水滸傳、三國演義、西遊記 ②清，ex：儒林外史、紅樓夢、老殘遊記
	擬話本	白話短篇小說。	三言：喻世明言、警世通言、醒世恆言 二拍：初刻拍案驚奇、二刻拍案驚奇
	筆記小說	①文言短篇小說。 ②繼承六朝志怪之風、唐傳奇藝術形式。	聊齋誌異、閱微草堂筆記

身操。接下來便聚焦於《水滸傳》的人物介紹。《水滸傳》中一共有一百零八條好漢，我整理出歷年試題中曝光率較高，也是較具知名度的人物，如及時雨宋江、豹子頭林沖、行者武松、黑旋風李逵等，以及同學可能會覺得有趣的角色，如專賣人肉包子的母夜叉孫二娘、投奔日本國的混江龍李俊、相撲高手沒面目焦挺等，搭配網路上找的人物圖片製成投影片說明，讓學生了解書中主要人物性情與相關情節。由於人物畫風優美且栩栩如生，同學們非常捧場，看得目不轉睛，學習單的第一大題：英雄榜——一百零八條好漢摘要簡介[2]，各組答對率也幾乎是百分之百。當然最重要的還是男主角魯智深，看過昨天的影片，當我在強調他「救人須救徹，殺人須見血」的處世原則時，同學自然也更能理解了[3]。

●●●————

[2] 英雄榜——一百零八條好漢摘要簡介節錄（出處：自編學習單）
  (1) 天魁星——宋江
      表字公明，外號呼保義，又號孝義黑三郎，人稱「及時雨」，鄆城縣宋家村人。幼攻經史，長有權謀；馳名大孝，仗義疏財。在鄆城縣充押司，私放晁蓋，怒殺閻婆惜，一度逃亡在外，後被捕刺配江州，酒醉潯陽樓吟詩，被判謀叛，押赴市曹斬首時，經晁蓋劫救。後入梁山泊，為總兵都頭領。威震遐邇。
  (3) 天雄星——林沖
      外號「豹子頭」，東京人。生性鯁直，愛交好漢。武藝高強，慣使丈八蛇矛。初充太尉府禁軍教頭，高俅賺比刀，誤入白虎堂，刺配滄州，路經野豬林遇花和尚搭救，梁山落草。為梁山泊馬軍五虎將中第二員大將。
  (7) 天孤星——魯智深
      外號「花和尚」，本名魯達，因為他關西人，又有鎮關西的外號。在渭州狀元橋下三拳打死賣肉的鎮關西鄭屠以後，逃至文殊院，剃度為僧。先在二龍山落草，後上梁山泊，為步軍頭領。
  (8) 天傷星——武松
      外號「行者」，江湖上都稱他武二郎，山東清河縣人。他的事蹟最顯著的，為景陽岡打虎、醉打蔣門神。先在二龍山落草，後隨花和尚上梁山，為梁山泊步軍頭領。
  (11) 天殺星——李逵
      外號「黑旋風」，沂州沂水縣百丈村人。行為粗魯，一生憨直，善使兩把大斧。梁山泊好漢中，要算他最好殺人。為梁山泊步軍頭領。
  (15) 地空星——周通
      外號「小霸王」，武藝平常，為梁山泊馬軍小彪將兼遠探出哨頭領。

[3] 行俠仗義——水滸傳中的魯智深（出處：自編學習單）
    魯智深剛直豪放，富正義感；看似粗魯，其實才智過人；路見不平，往往奮不顧身，有古俠士之風，是水滸傳作者所著力描寫的人物。在眾多水滸英雄中，魯智深可說是「唯一真正帶給我們光明和溫暖的人物（樂蘅軍〈梁山泊的締造與幻滅〉）」。小說中他以打抱不

接著，要讓同學們和魯智深一起進桃花村一遊。在說明《水滸傳》的「全知」敘事角度後，同學們必須快速地瀏覽課文並掌握各段大意，同時試著判斷該段以何人作為敘事觀點。為了讓活動進行更有效率，這項作業以配合題的形式呈現[4]。一如預期的，這個部分花費了同學最多的時間，而

平、見義勇為的姿態出場，處世奉行「（救人須救徹，殺人須見血）」的原則，「禪杖打開危險路，戒刀殺盡不平人」。最具個性，也最天真，如本文雖云「大鬧」，其實是在嬉笑怒罵之中完成行俠仗義之舉；濃厚的喜劇趣味無形中沖淡了暴力色彩。

[4] 非說不可——各段主旨暨敘事觀點（出處：自編學習單）

1.主旨：H 敘事觀點：甲	2.主旨：C 敘事觀點：甲	3.主旨：K 敘事觀點：甲	4.主旨：G 敘事觀點：甲
5.主旨：B 敘事觀點：甲	6.主旨：M 敘事觀點：甲	7.主旨：E 敘事觀點：甲	8.主旨：J 敘事觀點：甲、乙
9.主旨：N 敘事觀點：乙、丙	10.主旨：A 敘事觀點：乙、丙	11.主旨：I 敘事觀點：丙	12.主旨：L 敘事觀點：甲、丙
13.主旨：D 敘事觀點：甲、乙、丁	14.主旨：F 敘事觀點：丙		

敘事觀點參考選項：（甲）魯智深、（乙）劉太公、（丙）山大王、（丁）小嘍囉
主旨參考選項：
(A) 大王急欲見新娘，太公引至新房。（以簡短對話呈現山大王喜感、太公侍奉唯謹）
(B) 莊主劉太公留宿魯智深，魯不忌葷腥。（「老人」自此改稱「劉太公」，敘事觀點把握嚴謹）
(C) 魯智深錯過宿頭，欲投宿莊院。（進入細節描述）
(D) 太公引小嘍囉探看究竟，魯智深獨力擊敗小嘍囉。
(E) 魯智深大吃一頓後，進新房準備「說因緣」。
(F) 大王驚慌中狼狽逃離桃花村情景。（呼應第9段繫馬伏筆）
(G)一老人出面排解爭執。（仍以對話為主）
(H) 魯智深離開五臺山，前往東京。（交代背景）
(I) 大王進入漆黑新房，自言自語。
(J) 魯智深藏身房中，劉太公安排迎接山大王。（伏筆：放置戒刀、禪杖）
(K) 魯智深與忙亂中的莊客發生言語衝突。（以對話推動情節、反映人物性格）
(L) 大王摸黑入房，遭魯智深痛打。
(M) 魯智深察言觀色，得知太公被迫招婿來龍去脈，決定仗義相助。（由本段對話可見太公善良懦弱、魯智深粗中有細）
(N) 太公迎接盛裝的山大王入莊。（①動作、對話交叉進行，凸顯太公戰戰兢兢、山大王自大無禮。②伏筆：「喚小嘍囉教把馬去繫在綠楊樹上」，為文末狼狽脫逃鋪墊。）

且每一組答對的題數也在此拉開差距。過程中可以看到各組運用了不同的解題策略，有的組別每位同學各自爲政，待完成後再一起對答案；有的組別則是由一位同學分配段落，每人先負責看一部分的課文，以爭取答題時間。這項活動的目的主要是讓同學能至少完整地看過一次課文，對文中花和尙魯智深、劉太公、小霸王周通等角色的人物性格有更深刻的認識，並且能掌握敘事觀點的判斷要領。當同學們對於課文段落大意有了完整認識之後，我要解釋課文句意或其弦外之音也能更流暢。

六、餐後甜點

最後，爲了要讓這節課有個happy ending，但又考慮到只有一節課的時間，無法讓同學親自粉墨登場搬演一番，我設計了一道問題：「最佳男主——寫下你心目中最適合扮演魯智深的人選」，要求各組必須上臺寫出一位公衆人物，不能與其他組重複，且要說明爲什麼是「他」，最後全班表決最高票的人選該組得分加倍。雖然只有短短三分鐘不到的討論時間，但每一組都非常熱絡的討論著，也讓我不禁期待會出現什麼答案，畢竟我們的年代不同，我想到的「理想型」他們恐怕也沒聽過，不如讓同學自己選角過過當導演的乾癮也好！距離下課倒數五分鐘，各組代表同學輪流上臺「拉票」，最後本班的最佳魯智深由「很man，爲了救自己的老婆，他還把手伸出來讓殭屍咬[5]」的大叔——馬東石（電影《屍速列車》演員）獲得最高票，該組同學的歡呼聲伴隨著下課鐘響起，也宣告著本次的「一節課上完〈花和尙大鬧桃花村〉」任務達成！

[5] 引用自士林高商312班曾○○同學口述。

〈清代臺灣鐵路買票收費章程〉教法芻議

盧淑玲　新北市立新北高級工業職業學校

一、前言

隨著十二年國教技術型高中國語文課程綱要審議的完成，教材編選參考篇目出爐後，備受大眾關注與熱議，〈清代臺灣鐵路買票收費章程〉便是其一。有第一線教師認為國文主體性被淡化，不但無法引起學生的學習興趣，也將造成老師的教學困擾。

然而在審議的過程中，課審大會希望推薦選文能緊扣技職特色，因此研修小組研擬多篇與職業學群相關的選文。其中收錄於清·唐贊袞《臺陽見聞錄》的〈清代臺灣鐵路買票收費章程〉，為臺灣鐵路最早的收費規章。可讓學生認識規章的條理敘寫模式，以及清代的鐵路，題材元素與技術型高中工、商業類科皆有相關——1891年臺灣鐵路通車，火車是工業1.0的代表物象，章程內容亦能顯現商業運輸的經營方針與公私分明的管理思維。

此推薦選文除了為應用文本可單獨成一課外；亦可作為應用文單元——「規章」之範例，於此就前者初步設計一簡案如下。

二、課程設計

（一）課程設計原則

　　十二年國教國語文課綱強調教學時應運用多元、靈活、彈性的課程教學方法，以學生爲學習中心，啓發學生自主學習，激發學生運用本國語言文字以表情達意，並透過國語文學習，引導學生關心公共議題，以奠定適性發展、終身學習的基礎。有鑑於此，本單元的課程設計原則有三：

　　1. 利用學習單、師生問答、小組討論、口語與書面發表等方式，歸納文本內容及文體特色。

　　2. 帶領學生透過「擷取與檢索[1]」、「統整與解釋[2]」以及「省思與評鑑[3]」不同層次的閱讀歷程，進行思辨、討論等教學活動。

　　3. 結合跨領域及專業群科，藉由觀察與生活聯想，學習文本知識與生活的結合，引發學生對於公眾議題的關心，進而涵育學生公民與人文素養，培養積極面對人生的態度與解決問題的能力。

（二）核心素養

　　國V-U-A1　透過國語文學習，培養健康適性的價值觀與人生態度，
　　　　　　　進而開發潛能，實踐終身學習。

---

[1] 擷取與檢索：此歷程係指學生能依據問題要求或指明的特點，找出文中清楚寫出的訊息。

[2] 統整與解釋：此歷程包含「廣泛理解」與「發展解釋」。形成廣泛的理解係指正確解讀閱讀內容；而發展解釋則為對所閱讀的內容有明確、完整的解釋。

[3] 省思與評鑑：此歷程包含省思與評鑑文本的內容、省思與評鑑文本的形式二項。省思評鑑文本內容是指將所閱讀的內容與自己原有的知識、想法和經驗相連結，經過判斷、省思後，就文本內容提出自己的見解，甚至批判文本中的觀點，並提出理由來闡明或維護自己的評價。

國V-U-A2 透過國語文學習，探索生活現象，提升觀察、思辨的深度與廣度，進而反思當代課題的解決策略。

國V-U-A3 運用國語文，發展融合傳統與創新的規劃與執行力，培育兼具人文素養及專業能力的人才。

國V-U-B1 運用國語文建立有效的人際溝通，進行辭意通達、架構完整的語言文字表達，並能透過閱讀鑑賞，與自我生命、社會脈動對話。

國V-U-B3 能以豐富的文化藝術涵養，陶冶優雅氣質，並將人文視野融入專業領域，強調技能與人性合一，塑造美好的生活情境。

國V-U-C1 在國語文學習中建立倫理道德觀念、公民意識與社會責任，主動參與公共事務，進而體認文明的價值。

國V-U-C2 善用語文的表意功能和溝通技巧，強化職能發展與人際關係，並能透過群體間的分享學習，建立包容、關懷、合作的精神。

（三）教學活動設計

教學活動		教具／教學方法	建議時間
教師活動	學生活動		
一、引起動機 （一）播放影片「《一日系列第四十三集——一日臺鐵員工》（上集）[4]」，介紹列車長一日工作內容。 （二）以現代臺鐵列車長工作內容，連結學生日常經驗，以引起學習動機。	欣賞影片以喚起舊經驗並引起動機	影片	10

[4] 22分55秒—31分22秒https://www.youtube.com/watch?v=pHo5JUERKH4

教學活動		教具／教學方法	建議時間
教師活動	學生活動		
二、寫作背景介紹 （一）認識作者：認識唐贊袞生平及文學成就。 （二）掌握題解：了解本課創作及時代背景。	在教師引導下了解「作者」及「題解」中重要訊息	講述法 問答法	20
三、文本教學流程 （一）藉由「課文名稱」的解釋，建立學生對「章程」此文體的認識與文本內容的初步概念。 （二）課文講述：分為〈車票〉及〈臺灣鐵路章程〉兩大部分 　　步驟一：教師帶念課文 　　步驟二：進行擷取與檢索 　　1.「找一找」 　　2.「說出主要的」	透過尋找重要、明確、特別訊息的閱讀技巧找出關鍵字並歸納大意	學習單（壹） 問答法	5 5 20
四、分組討論 （一）依座位就近進行分組（四人一組），參照課文中的章程條文，設想為什麼要如此規定？背後的用意為何？並試著敘述相應的情境或事件發生的經過。 　　步驟一：教師引導，解說學習單內容、題目 　　步驟二：進行統整與解釋 　　1.「為什麼」 　　2.「想一想」 （二）組內討論完成後，推派代表上臺口頭發表 （三）教師統整、補充，並進組內自評及組間互評	以學習單進行小組討論與發表 能解釋段落的表層訊息：因果、詮釋觀點。並連結日常生活經驗進行分析推論	學習單（貳） 分組討論法 軟性磁鐵白板或壁報紙、白板筆或彩色筆、黑板磁性條、計時器	25 10 5
五、延伸寫作教學 （一）以文本為基礎、「禁止」與「警告」兩個號誌為發想，針對現代人搭乘大眾交通運輸工具應禁止或注意的事項與禮節進行宣導，寫作創意標語。 　　步驟：進行省思與評鑑——「你認為」 （二）組內作品分享 （三）教師延伸寫作指導並統整全文 　　題目：向「自由行」旅客推介如何運用大眾交通工具規劃當地一天的行程	個人創作 能對全文訊息進行統整與解釋的梳理後，經過判斷與省思，對訊息的內容或形式提出自己的看法	學習單（參）	25 10 15

（四）跨領域及專業群科協同教學

　　除上述簡案以國語文教學爲主外，技術型高中國語文課綱也揭示「國語文是各種職業能力的基礎，既是獲取專業知識和跨領域學習的橋梁，亦有助於造就技能與才識兼備的優質人才。」透過跨科跨領域教師共備，教師社群設計協同教學活動，結合各領域各科目的學習表現和學習內容應用於理解或解決眞實情境脈絡中的問題。可兼顧教師與學生的個別差異，讓不同領域及科目的教師能展開對話，使教學內容更充實完備。本單元可嘗試與一般科目及專業群科跨域教學設計如下：

1. 與一般科目（社會領域）

　　(1) 歷史科：臺灣清領時期重要歷史背景。

　　(2) 地理科：結合經濟地理、大衆交通運輸系統等單元，於當地車站周邊進行走讀踏查活動。

2. 與專業群科

　　(1) 工業類：專業器械使用說明的閱讀與說明書寫作應用。

　　(2) 商業類：商業運輸的經營方針與公私分明的管理思維。

（五）適當融入議題

　　本課程可融入之議題包括：品德教育、法治教育、安全教育、閱讀素養教育等。

議題名稱	議題實質內涵
品德教育	品EJU3　誠實信用。 品EJU4　自律負責。 品EJU8　公平正義。 品U5　　專業倫理意涵、議題，及對公共利益的維護。

議題名稱		議題實質內涵
法治教育	法U2 法U5	認識對弱勢的平權行動。 認識法治之意義。
安全教育	安U1 安U3	預防事故傷害的發生。 具備日常生活安全的行為。
閱讀素養 教育	閱U1 閱U2	獨立蒐集資料、判讀不同文本的優劣,並整合、比對文本的觀點。 深究文本的內容並發展自己的詮釋,以此豐富自己的知識體系。

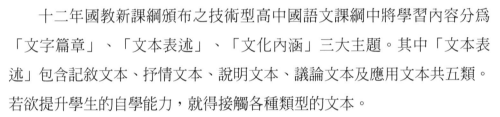

三、結語

　　十二年國教新課綱頒布之技術型高中國語文課綱中將學習內容分為「文字篇章」、「文本表述」、「文化內涵」三大主題。其中「文本表述」包含記敘文本、抒情文本、說明文本、議論文本及應用文本共五類。若欲提升學生的自學能力,就得接觸各種類型的文本。

　　新課綱注重培養學生的批判思考、以及運用語文表達想法,透過認識多元文類,建立學生自學與基本識讀能力。技術型高中擁有專業的技職教育師資、環境及設備,可經由跨科及跨領域協同教學、適當融入議題並呼應學校當地產業及特色打造出適校、適才、適性的教材教法。期許大家能以國語文為橋梁,一起造就技能與才識兼備的優質人才。

〈清代臺灣鐵路買票收費章程〉學習單

壹、找一找，並說出主要的

◎請根據課文內容找出其中代表的關鍵字，並歸納出大意。

一、〈車票〉

1. 關鍵字：＿＿＿＿＿＿＿＿、＿＿＿＿＿＿＿＿、＿＿＿＿＿＿＿＿、

＿＿＿＿＿＿＿＿、＿＿＿＿＿＿＿＿

2. 大　意：＿＿＿＿＿＿＿＿＿＿＿＿＿＿＿＿＿＿＿＿＿＿＿＿＿

二、〈臺灣鐵路章程〉

1. 關鍵字：＿＿＿＿＿＿＿＿、＿＿＿＿＿＿＿＿、＿＿＿＿＿＿＿＿、

＿＿＿＿＿＿＿＿、＿＿＿＿＿＿＿＿

2. 大　意：＿＿＿＿＿＿＿＿＿＿＿＿＿＿＿＿＿＿＿＿＿＿＿＿＿

貳、為什麼？想一想

◎分組討論，請參照課文中的章程條文，設想為什麼要如此規定？背後的
用意為何？並試著敘述相應的情境或事件發生的經過。

一、〈車票〉

1. ＿＿＿＿＿＿＿＿＿＿＿＿＿＿＿＿＿＿＿＿＿＿＿＿＿＿＿＿

2. ＿＿＿＿＿＿＿＿＿＿＿＿＿＿＿＿＿＿＿＿＿＿＿＿＿＿＿＿

3. ＿＿＿＿＿＿＿＿＿＿＿＿＿＿＿＿＿＿＿＿＿＿＿＿＿＿＿＿

二、〈臺灣鐵路章程〉

1. ＿＿＿＿＿＿＿＿＿＿＿＿＿＿＿＿＿＿＿＿＿＿＿＿＿＿＿＿

2. ＿＿＿＿＿＿＿＿＿＿＿＿＿＿＿＿＿＿＿＿＿＿＿＿＿＿＿＿

3. ＿＿＿＿＿＿＿＿＿＿＿＿＿＿＿＿＿＿＿＿＿＿＿＿＿＿＿＿

4. ＿＿＿＿＿＿＿＿＿＿＿＿＿＿＿＿＿＿＿＿＿＿＿＿＿＿＿＿

5. ＿＿＿＿＿＿＿＿＿＿＿＿＿＿＿＿＿＿＿＿＿＿＿＿＿＿＿＿

◎請以下列兩個號誌為發想，針對現代人搭乘大眾交通運輸工具應禁止或
　注意的事項與禮節進行宣導，寫作創意標語。

標語：＿＿＿＿＿＿＿＿＿＿＿＿＿＿＿＿＿＿＿＿＿＿＿＿＿＿＿＿＿

標語：＿＿＿＿＿＿＿＿＿＿＿＿＿＿＿＿＿＿＿＿＿＿＿＿＿＿＿＿＿

周瑩與賈探春——跟兩位文學人物學經營、食有賭

游適宏　國立臺灣科技大學

一、歷史上的「安吳寡婦」

　　周瑩（1868～1908）是陝西三原縣人。她家在清嘉慶、道光時原是富商，但咸豐以後家道中落。她16歲時，遵兄嫂之命嫁給涇陽縣安吳堡富商吳蔚文（是著名的鹽商，曾任知縣）的兒子吳聘。吳聘當時已身患重病，吳家想藉婚事「沖喜」，但周瑩嫁過去沒多久，吳聘便病故了。

　　周瑩曾獲得朝廷兩次誥封：一次是光緒11年（1885），她捐銀4萬兩重修涇陽縣孔廟，受封「二品夫人」；一次是八國聯軍攻進北京，慈禧太后與光緒皇帝於光緒26年（1900）出逃西安。西安巡撫端方為了安頓皇室，向富商大賈勸捐募銀，周瑩捐銀10萬兩助賑，遂晉封「一品夫人」。在古代，能拿到賣鹽權利的絕非一般商人，周瑩捐錢換「二品夫人」、「一品夫人」，讓吳家維持「官商」背景，有助於穩固吳家在兩淮鹽場的配額，延續吳家的經濟命脈。

　　據民間傳說，周瑩被慈禧太后認作「乾女兒」，並曾送屏風給慈禧太后當生日賀禮。而在更多小說裡，周瑩是一位縱橫商場的奇女子。

二、電視劇《那年花開月正圓》的周瑩

電視劇裡的周瑩，原遭養父賣給沈家做丫鬟，後又嫁進吳家「沖喜」。丈夫吳聘死後，她以吳家的鹽業生意為基礎，逐漸擴充到蠶絲、棉花、棉布、藥材、茶葉等方面。

由於棉花常是「三豐一歉雙平年」，周瑩為了避開現貨價格波動的風險，乃在未知來年豐歉的情況下，一概用平年的價格向棉農預訂來年的棉花。此舉既保障棉農的利益，穩定自己的貨源，也讓吳家幾乎壟斷了陝西棉市，成為關中地區的棉花大戶。

上海設立機器織布局，周瑩也有意跟進。吳家投資了20萬兩銀子成立陝西機器織布局，不料開工當天，一群土布坊的織工們卻跑來砸毀織布機器。周瑩雖想捲土重來，吳家二爺和四爺卻決定退股。她盤算了一下，必須重新籌得10萬兩銀子才行，但這麼龐大的金額從何而來？

在《那年花開月正圓》第46集，周瑩想出了劃時代的新方法。

她把吳家的產業分成若干「銀股」，拿出50%讓吳家的掌櫃、夥計、丫鬟、小廝們認購，10兩銀子一股。如此，吳家擁有大股東身分，透過小股東對「分紅」的期待心理，便可募集新的資金。

但計畫一開始，有意認購者卻很少。因為這些下屬僕役雖然知道吳家產業豐厚，但做生意總不是年年賺錢，他們畢竟口袋淺，不想一同承擔虧損的風險。於是周瑩又宣布，凡吳家有價值的器物，皆提供給認購銀股者做為擔保品。這麼一來，大家卸除憂慮，踴躍認購所有銀股，周瑩也成功籌足10萬兩銀子。

更厲害的是，認購銀股的夥計們為了分更多的紅利，非常積極的拉生意──以前賣力只是為東家，如今更是為自己。一時間，周瑩旗下的商號

營收爆增，不僅其他店鋪的生意被搶了過來，甚至有其他店鋪的掌櫃也衝著銀股制跳槽。

此外，銀股的認購者也細心呵護吳家的各種器物，因爲萬一賠錢時，它們可做抵償之用。

適度運用人們的利己心理，創造共享共榮的財富——《那年花開月正圓》周瑩的嶄新構想，可以做爲閱讀〈賈探春敏慧興利〉（十二年國民基本教育技術型高中國語文課綱推薦選文之一，選自《紅樓夢》第56回）的參考。

三、賈探春初入管理階層

原在賈府掌管家務的王熙鳳因小產暫時休養，王夫人決定由李紈、薛寶釵、賈探春組一個臨時的管理團隊。王夫人爲何選擇她們三人？李紈，是王夫人長子賈珠的遺孀，長媳出掌內務再合理不過，且婆媳關係融洽。薛寶釵，是王夫人妹妹薛姨媽的女兒，情同一家，賢雅穩重，值得信賴。賈探春，雖是庶出，但王夫人身爲她的大媽，還是很喜歡她的，而且知書明理，心口如一，就連王熙鳳也頗欣賞她。

因此，她們三人在管理團隊中的角色不同：李紈是首席，但可能過於溫和善良，所以讓敏慧爽直的賈探春協助裁處。薛寶釵則深思熟慮，幫忙照料細節。

四、賈探春的改革方案

探春興利除弊的對象之一，就是她也身居其中的賈府大觀園。

大觀園是賈府爲皇妃賈元春（賈政與王夫人的女兒）特建的省親行

宮。元春回宮後，賈府諸姐妹與賈寶玉便搬入居住。如此一來，賈府勢必得在大觀園投入充足的人力、物力、財力資源，以維持園中的起居周全。整體來說，大觀園一營運就樣樣要錢，在賈府中屬於消耗型的單位。

探春的改革方案，得自賴大花園給她的啓發。賴大是榮國府的大總管，他爲兒子賴尚榮花錢捐官，在自己家中的花園大擺酒席，宴客三日，賈府許多人都受邀參加。賴大的花園雖不及大觀園，但也用心打造了泉石林木，樓臺亭軒。不過，探春在參訪時卻在與賴家女孩兒聊天中得知：「這園子除他們戴的花兒，吃的筍菜魚蝦之外，一年還有人包了去，年終足有二百兩銀子剩。從那日我才知道，一個破荷葉、一根枯草根子，都是值錢的。」薛寶釵也同意：「天下沒有不可用的東西，既可用，便值錢。」

探春的做法，是將大觀園能產生經濟效益的資源分門別類，「在園子裡所有的老媽媽中，揀出幾個老成本分、能知園圃的，派他們收拾料理。」於是，她們把園中的竹子交給老祝媽，把稻米蔬菜交給老田媽，把蘅蕪院、怡紅院的花草交給寶玉小廝焙茗的母親老葉媽，還有其他各項，也都分撥給她們認爲具備相關專長的老媽媽。

這些承包業務的老媽媽獲准各憑本事營利，拿出「那片竹子單交給我，一年工夫，明年又是一片。除了家裏吃的筍，一年還可交些錢糧」、「那一片稻地交給我，一年這些玩的大小雀鳥的糧食，不必動官中錢糧，我還可以交錢糧」的拚勁，到年底再看如何結帳。

探春認爲這麼做有四點好處：一是園中花木有專門負責的人整修照顧，自然長得好；二是物盡其用，發揮資源該有的效益；三是讓老媽媽合法的從中牟利，讓她們的辛苦得到更多回報；四是把一些原本得找專門工匠做的事，內含在承包者的業務中自行吸收，節省公帑。

關於承包營利上繳，探春提議「避開賈府總帳房」。因爲這項新制不

同於以往，若再經總帳房，恐怕不是被刁難捉弄，就是被從中剝削。因此，可以考慮在大觀園另闢內帳房來處理。

但薛寶釵終究有在薛家的實務經驗，她進一步建議：園內的消耗用品不外乎那些項目，誰承包了一個專案，誰就負責園內相關消耗品項的供給，這樣便沒有歸帳的問題了。園內若能自給自足，大小開銷就不必去總帳房請款，也就等於幫賈府省下一大筆錢。

處事練達的寶釵又想到一點：園裡的老媽媽不是每個人都有專長，也不是每個人都有承包機會，總不能獨厚某些人，忽略其他只做平日例行、低階服務的老媽媽，畢竟她們也是全天都在園中，起早睡晚，負責關門閉戶、抬轎撐船等粗活。所以寶釵要那些承包業務的老媽媽不可只顧自己寬裕，與其讓同事在背地嫉妒、抱怨，甚至「假公濟私的多摘你們幾個果子，多掐幾枝花兒」搞破壞，倒不如大方些，年終拿些錢與沒承包業務的老媽媽共享，「他們也沾帶些利息，你們有照顧不到的，他們就替你們照顧了。」

大觀園經過這番改革，內部既有的資源便能活用，創造價值。對賈府來說，也許不是利用大觀園來賺錢，但至少不用為園中的開銷花錢如流水。對大觀園來說，因為裡面的多項事物都有承包者，承包者既要從中獲利就會好好照料，本於「為東家也為自己」的心理努力投入生產；而沒有機會承包營利的低階人員，也能因「利益均霑」分盈受惠，不至於成為阻礙的力量。

五、實施新制的效應

新制實施之後，《紅樓夢》在某些回中曾述承包業務的老媽媽觀念大變，把園中的花果當成私有，在乎得不得了。

例如第59回，何媽的女兒、寶玉的丫頭春燕說自己的姑媽：「一得了這地方，每日起早睡晚，自己辛苦了還不算，每日逼著我們來照看，生恐有人糟塌，我又怕誤了我的差使。如今我們進來了，老姑嫂兩個照看得謹謹慎慎，一根草也不許人動。你還掐這些好花兒，又折他的嫩樹枝子，他們即刻就來，仔細他們抱怨！」

又如第61回，看門的小廝讓柳嫂「好歹偷幾個杏兒出來賞我吃」，柳嫂啐道：「發了昏的，今年不比往年，把這些東西都分給了眾媽媽了。一個個的不像抓破了臉的，人打樹底下一過，兩眼就像那餓雞似的，還動他的果子！」

這樣看來，即使薛寶釵有意消除老媽媽因為新制而可能產生的對立，但私底下的衝突或疑忌，終究是免不了。

六、人文思維與經營智慧的結合

〈賈探春敏慧興利〉被推薦為「技術型高中國語文課綱」的古典選文之一，有些人可能習慣《紅樓夢》就是得讀〈劉姥姥進大觀園〉，一時頗多質疑。但若明明都選自《紅樓夢》，卻要說〈劉姥姥進大觀園〉看得到「文學」而〈賈探春敏慧興利〉看不到「文學」，未免匪夷所思。

蔣勳先生有一系列「細說紅樓夢」（在YouTube上即可找到）的演講。他在談《紅樓夢》第56回時曾提到：「21世紀將是達文西的世紀，因為科技與美無法分開。達文西是流體力學之父，飛行理論之父，解剖學之父，最早發明了潛水艇，但同時他也是一位大畫家。這些本來並不衝突。每個孩子在成長過程中都可能是達文西，但往往是教育體制讓他無法成為達文西。當他一選擇科系，達文西的可能就消失了。」也認為賈探春之所以精彩，就是她雖然在詩社裡風花雪月，但在風花雪月中她還是有

產業概念。

在〈賈探春敏慧興利〉中，有針對實際問題的興利除弊，有細緻深刻的人性體察，還有凝聚共識的言語溝通策略。如果高中生只透過一課來認識《紅樓夢》，甚至只從這一課來推想「《紅樓夢》能給我什麼生活啟發」？那麼，讀〈賈探春敏慧興利〉與讀〈劉姥姥進大觀園〉，所得到的印象絕對不同。

國家圖書館出版品預行編目資料

前進108課綱：打開技術高中的國文教學錦囊
／石學翰等著；國立臺灣科技大學通識教
育中心主編. -- 初版. -- 臺北市：五南，
2019.05
　　面；　公分
　ISBN 978-957-763-400-9（平裝）

1.國文科　2.課程綱要　3.中等教育

524.311　　　　　　　　　108005842

4I2F

前進108課綱：打開技術高中的國文教學錦囊

主　　　編 ─ 國立臺灣科技大學通識教育中心
合　　　編 ─ 教育部技術型高級中等學校國語文推動中心
　　　　　　　教育部技術型高中一般科目群科中心
作　　　者 ─ 石學翰、吳欣潔、呂覲芬、李美麗、李維恩
　　　　　　　李瓊雲、杜凱薇、周家嵐、林子湜、林芳均
　　　　　　　林淑芬、林鍾勇、邱瓊薇、柯貞伊、范耘芬
　　　　　　　張素靜、張慧英、莊蕙綺、游適宏、黃一軒
　　　　　　　黃學文、楊旻芳、趙芳玉、潘慈惠、盧淑玲

發 行 人 ─ 楊榮川
總 經 理 ─ 楊士清
副總編輯 ─ 黃文瓊
責任編輯 ─ 吳雨潔
封面設計 ─ 姚孝慈
美術設計 ─ 劉好音
出 版 者 ─ 五南圖書出版股份有限公司
地　　　址：106台北市大安區和平東路二段339號4樓
電　　　話：(02)2705-5066　　傳　　　真：(02)2706-6100
網　　　址：http://www.wunan.com.tw
電子郵件：wunan@wunan.com.tw
劃撥帳號：01068953
戶　　　名：五南圖書出版股份有限公司

法律顧問　林勝安律師事務所　林勝安律師

出版日期　2019年5月初版一刷
定　　　價　新臺幣320元